Historia de Irán

Una apasionante panorámica de la historia de Irán, desde los antiguos persas hasta el Irán moderno, pasando por el Imperio persa

Índice

INTRODUCCIÓN 1

CAPÍTULO 1 - IRÁN: LO QUE HAY QUE SABER 4

CAPÍTULO 2 - DE LA PREHISTORIA A LA ANTIGÜEDAD 12

CAPÍTULO 3 - EL IMPERIO PERSA 19

CAPÍTULO 4 - UNA NUEVA ERA 30

CAPÍTULO 5 - EL IRÁN TURCO-MONGOL 50

CAPÍTULO 6 - LOS SAFÁVIDAS 60

CAPÍTULO 7 - EL IRÁN MODERNO 78

CAPÍTULO 8 - EL NACIMIENTO DEL IRÁN MODERNO 94

CAPÍTULO 9 - DE REZA SHAH PAHLAVÍ A LA REVOLUCIÓN
ISLÁMICA 113

CAPÍTULO 10 - LA REPÚBLICA ISLÁMICA DE IRÁN 131

CONCLUSIÓN 143

VEA MÁS LIBROS ESCRITOS POR ENTHRALLING HISTORY 146

FUENTES 147

Introducción

Situado en Asia occidental, entre el mar Caspio al norte y el golfo Pérsico al sur, en la encrucijada de Levante y el resto del continente asiático, Irán es posiblemente uno de los países mejor situados de toda Eurasia. Conocido hoy oficialmente como la República Islámica de Irán, el país tiene una población de más de ochenta y cinco millones de habitantes y es la sexta masa continental más grande de toda Asia. Irán es un importante actor regional y mundial y ha desempeñado un gran papel en la política de Oriente Próximo durante mucho tiempo. Debido a su situación geográfica, esta zona ha sido durante mucho tiempo punto de encuentro de antiguas civilizaciones, lo que ha dado lugar a una difusión de culturas, tradiciones, costumbres y estilos de vida y ha dado origen a una historia sin igual.

Sin embargo, a pesar de su rica cultura, su apasionante historia y su definida identidad, gran parte del mundo occidental tiende a asociar Irán con el fanatismo religioso, unas estructuras políticas anticuadas y un odio innato hacia Occidente. Sin embargo, estas ideas son relativamente nuevas, ya que se generaron en gran medida tras los acontecimientos de la Revolución iraní de 1979, cuando un régimen democrático fue sustituido por una teocracia islámica. La teocracia alteró en gran medida el modo de vida iraní y sigue funcionando en la actualidad.

Lo que mucha gente no sabe o más bien no reconoce es el hecho de que la civilización en Irán ha existido durante miles de años, transformándose y adaptándose a los cambios en todo el mundo hasta producir finalmente el moderno Estado soberano del siglo XXI que es hoy la República Islámica de Irán. No se encuentran muchos lugares donde la vida se remonte tan atrás como en la zona que hoy ocupa Irán y su periferia. Por eso es necesario estudiar la historia de Irán.

El objetivo de este libro es ofrecer una visión a fondo de la historia de Irán, junto con las causas y consecuencias de cada acontecimiento importante del pasado del país. Su objetivo es narrar la historia de forma cautivadora y proporcionar una sólida base sobre el tema. A lo largo de los capítulos se analizarán los principales acontecimientos y personajes clave de la historia de Irán y cómo afectaron a su sociedad, cultura y política a lo largo de los tiempos, desde la Antigüedad hasta el siglo XXI.

La primera parte del libro se ocupará de cubrir la historia antigua de Irán hasta el periodo medieval. Se tratarán los orígenes de los pueblos que habitaron la región hace miles de años y se hablará del establecimiento de los primeros asentamientos prehistóricos en la zona. A continuación, el libro se adentrará en la antigua Persia. Exploraremos la formación del famoso Imperio persa antiguo y muchos de sus más grandes gobernantes, así como su conquista final por Alejandro Magno y el reinado del helenismo en la región. Esta época es una de las más vitales de la historia de Irán, ya que contribuyó en gran medida a la formación de la identidad del pueblo iraní y, en última instancia, condujo a la llegada del islam en el siglo VII de nuestra era.

En la parte central del libro se analizará la historia de Irán durante la Edad Media, a partir de la islamización de la zona, primero bajo Mahoma y más tarde bajo varios califatos árabes que surgirían como actores regionales dominantes en la primera Edad de Oro del islam. También abordaremos los acontecimientos globales que configuraron el Irán medieval, incluidas las infames conquistas de la región por parte de varias hordas centroasiáticas, a saber, los mongoles y los timúridas, entre los siglos XIII y XVI. Esta parte del libro concluirá analizando la aparición de la dinastía safávida, que gobernó Irán durante casi 250 años. Durante la era safávida, Irán se convirtió en uno de los imperios más grandes y poderosos de Eurasia y experimentó una serie de cambios sociopolíticos y culturales que afectarían enormemente a su legado.

La última parte del libro examinará los últimos trescientos años de la historia iraní, a partir de la Era Qajar, que duró de 1797 a 1925 y condujo al nacimiento del Irán moderno. La historia moderna temprana de Irán es bien conocida por sus altos niveles de difusión cultural y desarrollo socioeconómico. A continuación, trataremos la democratización de Irán con la Revolución Blanca y los importantes procesos que tuvieron lugar inmediatamente después del final de la Segunda Guerra Mundial. A esto seguirá la reaccionaria Revolución Islámica y la instauración de un régimen teocrático que dio marcha atrás en gran medida a muchos de los avances logrados en las décadas anteriores.

Sumergirse en la historia de Irán no es necesariamente una tarea fácil, ya que sus densos acontecimientos requieren una cobertura adecuada. Así, usted experimentará precisamente eso: una visión general de los acontecimientos políticos, sociales y culturales más importantes de Irán que, en última instancia, dieron lugar a la creación del Irán actual.

Capítulo 1 – Irán: Lo que hay que saber

Geografía

La geografía de Irán está dominada por las regiones montañosas que prácticamente rodean el país y las pequeñas porciones de tierra más llana de sus territorios. Los montes Zagros, que se extienden casi desde el Cáucaso hasta el golfo Pérsico, son la mayor cadena montañosa de la región. En el norte del país, al sur del mar Caspio, se encuentran los montes Elburz, con varios picos que alcanzan los tres mil metros o más. Allí se encuentra el famoso pico Damavand, que supera los cuatro mil metros y es uno de los ejes de la mitología y la cultura persas. En el este, el país está separado de Pakistán y Afganistán por cordilleras más pequeñas que intercalan el corazón del país, convirtiendo a Irán en uno de los países más altos del mundo en la actualidad, con una elevación media de unos 4.280 pies.

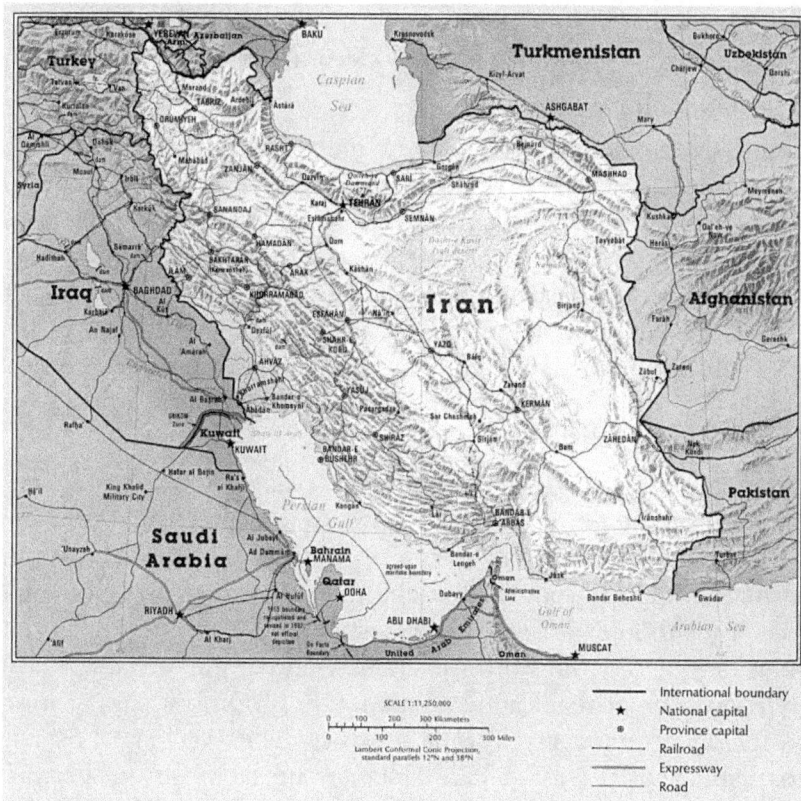

Mapa de Irán

La proximidad de tantas cordilleras diferentes -comúnmente denominada Meseta Iraní, que los geólogos creen que ha surgido hace poco tiempo en comparación con otras de todo el mundo- hace que la región sea muy activa sismológicamente, algo que se ha demostrado muchas veces en diferentes crónicas a lo largo de la historia persa. En el corazón de la meseta iraní se encuentran los desiertos de Kavir y Lut, al norte y sureste de Irán. Estos dos desiertos son extremadamente calurosos y ventosos y se consideran unos de los lugares más inhóspitos del mundo. Nadie vive en ellos. De hecho, la mayoría de las tierras iraníes son inútiles para habitar, ya que Irán está formado por terrenos secos y suelos poco profundos. Hay escasez de agua y la tierra no es apta para la agricultura.

Sin embargo, a pesar de estas desventajas, Irán es rico en recursos naturales. Desde la antigüedad, los habitantes de Irán han estado familiarizados con la abundancia de distintos metales en el país, como hierro, zinc, cobre y plomo. El Irán moderno es famoso por sus reservas de carbón, gas natural y petróleo, que son las principales razones de la ascensión del país como una nación poderosa durante el siglo pasado.

El pueblo de Irán

Historiadores y antropólogos creen que el término "Irán" fue utilizado por primera vez en el siglo III a. C. por un gobernante local que se refería a su imperio como *Iranshahr*. El nombre deriva de los arios, un subconjunto de pueblos indoeuropeos que emigraron lentamente a la India e Irán y se organizaron en los primeros asentamientos y sociedades tribales en Irán a partir del año 2000 a. C. (el valle del Indo ya tenía su propia civilización desarrollada). Por lo tanto, hay buenas razones para sospechar que "Irán" es una modificación de la palabra "ario" y significa algo parecido a "tierra de los arios".

Sin embargo, en su uso común, la palabra "Irán" solo se hizo realmente prominente en el siglo XX, ya que el país había sido referido en gran medida como Persia. "Persia", por su parte, deriva de "Parahshe", un término utilizado por los pueblos semitas de Mesopotamia para referirse a los montes Zagros. Quizá signifique la "tierra de los caballos". Después de que las tribus arias (o iranias) empezaran a habitar la región de los Zagros, es probable que adoptaran este nombre para sí mismas y así se dieran a conocer por él a sus sociedades vecinas. Los antiguos griegos llamaban "persas" a los habitantes de la región y "Persia" a su tierra. Durante el resto de la historia, hasta el siglo XX, el nombre se mantuvo. Aunque los términos "Irán" y "Persia" no son exactamente sinónimos, ya que el segundo se refiere originalmente a las tierras de los Zagros y el primero deriva de los pueblos arios que se asentarían poco a poco en la región, tienen similitudes y se han utilizado comúnmente para referirse al mismo pueblo y a la misma tierra.

La situación es menos complicada cuando se trata de la demografía de Irán. En la actualidad, el país está formado principalmente por tres grupos étnicos distintos basados en las lenguas: iraní, túrquico y semítico. El persa es la lengua más hablada actualmente en el país. La lengua persa moderna se desarrolló a partir del persa antiguo debido a la asimilación de culturas y pueblos. Actualmente combina elementos del árabe con la lengua Pahlaví, más local. Junto con el dialecto kurdo, hablado por más del 10% de la población kurda, el persa constituye el mayor grupo lingüístico y cultural de Irán.

Luego están los pueblos étnicamente turcos, que llegaron a la región desde Asia Central, pero acabaron emigrando hacia el oeste para asentarse sobre todo en Anatolia. Aun así, alrededor de una cuarta parte de los iraníes hablan hoy una versión de la lengua turca. Por último, una pequeña minoría de ciudadanos iraníes está formada por pueblos semitas, que hablan lenguas árabes y se concentran principalmente en la región de Juzestán, al oeste del país.

En cuanto a la religión de Irán, no es de extrañar que la mayoría del país sea musulmana. Los musulmanes chiíes constituyen aproximadamente el 89% de la población, mientras que alrededor del 10% son suníes. Esto convierte a Irán en el país más grande con mayoría chií. Debido a la hostilidad histórica entre ambos grupos, Irán mantiene malas relaciones con los países vecinos, la mayoría de los cuales están dominados por musulmanes suníes. El 1% restante de la población está formado por cristianos, judíos y miembros de la religión zoroástrica.

Geografía política

El actual Irán, el decimoséptimo país más grande del mundo, ocupa una superficie de unos 628.000 kilómetros cuadrados, que se extienden principalmente por sus escarpadas y áridas tierras, montañas, colinas y desiertos inhóspitos. Debido a la dura geografía física de la región, Irán siempre ha tenido problemas de conectividad. Las cadenas montañosas solo cuentan con unos pocos pasos, y atravesarlas ha estado asociado durante mucho tiempo a grandes riesgos debido a su ubicación desolada y remota a gran altitud. Antes del desarrollo de las infraestructuras modernas, los desiertos planteaban obstáculos similares. No había forma eficaz de evitarlos, sobre todo porque Irán solo tiene un río transitable, el Karun, e incluso éste no cubre gran parte del país.

La conectividad estaba tan poco desarrollada que en la época medieval se tardaba unos seis meses en atravesar el país de este a oeste; en comparación, Europa y los países de Levante rara vez experimentaban tales obstáculos. La dificultad del terreno hacía casi imposible implantar una infraestructura cohesionada, ya que los ingenieros se esforzaban por orientarse en la accidentada y desequilibrada geografía de la región para construir un buen sistema de carreteras y ferrocarriles.

La falta de conectividad era un obstáculo a la hora de crear un sistema político centralizado. Dado que era prácticamente imposible que la gente, los recursos y la información viajaran rápidamente a través de la meseta, la unidad política era a menudo un reto. A lo largo de la historia iraní surgieron diferentes regiones y provincias que no solo se autogobernaban en gran medida, sino que también desarrollaron sus propias costumbres, tradiciones y sociedades.

En la actualidad, las mayores divisiones administrativas de Irán se denominan provincias, de las que el país cuenta con treinta y una. A lo largo de la historia han existido unidades administrativas similares en diversas formas, pero su esencia siempre ha sido la misma. La parte oriental y nororiental del país se conoce como Jorasán, que, con su geografía relativamente más fácil de recorrer, fue el principal punto de entrada de los pueblos centroasiáticos en Irán.

En el norte están las provincias de Golestán, Mazandarán y Gilán, todas ellas fronterizas con el mar Caspio. Por ello, tienen algunas de las características más singulares de todo Irán. Están muy densamente pobladas y producen una variedad de bienes que el resto del país no puede, como cítricos, té, algodón y productos del mar. Durante siglos, estas zonas se consideraron las más remotas, ya que la población carecía de medios para conectarlas de forma significativa con el resto de las provincias iraníes, algo que dio lugar a diferencias sociales y culturales que aún persisten. Otra región fértil del país se encuentra en el noroeste. La provincia de Azerbaiyán (que no debe confundirse con la República de Azerbaiyán, situada justo al norte) tiene quizá el mayor sentido de identidad regional y diferenciada debido a su proximidad con el Cáucaso, culturalmente diferente.

En el suroeste del país se encuentra la región de Fars, centro de la antigua civilización persa. A menudo, se la denomina Persia propiamente dicha o Persis. Era donde se concentraba la mayor parte del poder de la antigua Persia, incluidas las magníficas ciudades de Persépolis y Pasargadae, dos de las cinco capitales durante el Imperio aqueménida. Con el tiempo, su importancia política y económica disminuyó, ya que el centro de Persia se desplazó gradualmente hacia el noroeste. Fars sigue siendo una de las provincias más emblemáticas del Irán actual, y las ruinas de sus antiguas ciudades son importantes atracciones turísticas.

Ya nos hemos referido brevemente a la provincia de Juzestán, situada en la parte más occidental del país, lindando con las tierras históricamente importantes de Mesopotamia. Como puerta de entrada a Occidente, Juzestán siempre tuvo especial importancia política a los ojos de los gobernantes iraníes. En la actualidad, es uno de los lugares con mayor diversidad étnica y cultural de Irán, y acoge a la mayoría de la población árabe del país.

Por último, al sureste, están las provincias menos desarrolladas de Irán: Kerman, Makran, Baluchistán y Sistán. Limitando con el actual Pakistán y alejadas del centro del país, no es de extrañar que estas tierras recibieran la menor atención de los gobernantes iraníes. La vida nunca logró prosperar en estas provincias en comparación con otras zonas debido a las duras condiciones climáticas.

Un breve repaso al sistema socioeconómico

Por último, pero no por ello menos importante, es necesario repasar la estructura socioeconómica de Irán, ya que, junto con todos los demás factores mencionados anteriormente, ha conformado la vida del pueblo iraní a lo largo de la historia.

Lo principal que hay que entender cuando se habla de la economía de Irán es que, a diferencia de sus vecinos mesopotámicos del oeste, por ejemplo, bendecidos por la abundancia de tierras fértiles y agua dulce, la inmensa mayoría de las tierras iraníes son absolutamente inadecuadas para la actividad agrícola, al menos en lo que se refiere a la recolección de cosechas. Debido a la falta de vegetación natural y a las temperaturas extremadamente altas, los primeros pueblos que habitaron Irán eran en su mayoría tribus nómadas. Se desplazaban regularmente con su ganado y sus caballos para encontrar suficiente pasto para los animales.

A diferencia de las llanuras de Asia Central, Irán tiene un terreno mucho más accidentado, por lo que los nómadas tenían que esforzarse más para sobrevivir. Para evitar las duras condiciones climáticas de las estaciones, se trasladaban a las colinas durante el verano, donde las temperaturas eran relativamente más bajas, y luego regresaban a altitudes más bajas durante el invierno por la misma razón. A pesar de todas las penurias, el pastoreo nómada (y especialmente el pastoreo "vertical", como se ha descrito anteriormente) era una actividad económica común en la antigüedad.

Naturalmente, esto proporcionaba a las tribus iraníes alimentos y otros productos necesarios, como cuero y lana, que se utilizaban para fabricar ropa, refugios y otros enseres. A medida que el pastoreo se hacía más y más importante para la supervivencia y crecía el número de personas que vivían en una tribu, las tribus vecinas solían unirse para controlar mejor sus rebaños, que normalmente se extendían por grandes extensiones de tierra. Con el tiempo, estas tribus llegaron a dominar la geografía local y adquirieron otras habilidades que les ayudaron a sobrevivir, como la equitación y el tiro con arco. Luego, poco a poco, las distintas tribus se convirtieron en los principales contribuyentes a los ejércitos de los estados iraníes.

Curiosamente, el pastoreo tribal siguió siendo una actividad destacada en Irán de una forma u otra hasta el siglo XX. En la década de 1930, por ejemplo, aún existían ciertas tribus en las zonas más remotas de Irán que gozaban en gran medida de independencia y autonomía respecto al gobierno central. Sin embargo, con los importantes avances tecnológicos en todos los ámbitos de la vida en la era de la modernización y la globalización, la importancia de las tribus nómadas ha disminuido drásticamente. Muchas acabaron adaptándose y estableciéndose en zonas rurales o urbanas de todo el país.

Un acontecimiento absolutamente crucial que configuró la antigua economía iraní fue la invención del qanat: un canal subterráneo que permitió a la población iraní cultivar cerca de los escasos recursos hídricos disponibles, como pequeños arroyos. El sistema de qanats, que se diseñó y estableció por todo el país, cambió las reglas del juego, ya que utilizaba las pendientes de la meseta iraní para transportar agua limpia de las tierras altas a las bajas y, al mismo tiempo, minimizar la pérdida de agua debida a factores como la evaporación (esto se debía a que el agua corría bajo tierra). Fue una notable proeza de la ingeniería antigua y su mantenimiento exigía un esfuerzo constante. De lo contrario, el pueblo tendría que hacer frente a daños, erosión y filtraciones.

Con el tiempo, los qanats se convirtieron en un elemento fundamental de la vida iraní y la red se fue ampliando poco a poco hasta cubrir todas las necesidades de agua del país. Hoy en día, sus restos aún pueden observarse en las zonas más rurales del país. Son fácilmente identificables por la hilera de agujeros que recorren los canales y que servían para comprobar el estado del qanat cuando aún funcionaba.

La construcción de qanats era responsabilidad de los ricos terratenientes, que empleaban a campesinos para trabajar sus tierras. Aunque la agricultura nunca fue el punto fuerte de Irán, cuyas cosechas producían mucho menos que las de las regiones vecinas, más fértiles, este tipo de empresa agrícola fue el principal motor de la jerarquía social iraní hasta principios de la era moderna. El sistema no era del todo feudal, al menos a los niveles que se encuentran en Europa, pero esencialmente funcionaba de manera similar. Los miembros de las clases superiores poseían básicamente las tierras en las que residían y trabajaban los campesinos. Los terratenientes entregaban una pequeña minoría de los ingresos de estas tierras a los trabajadores, quedándose ellos con la gran mayoría. A su vez, como en otras sociedades, los terratenientes proporcionaban protección a los trabajadores y también financiaban y supervisaban la construcción de los qanats, que eran tan importantes para un miembro de la élite como para un campesino.

Obviamente, con la modernización, los niveles de urbanización en Irán aumentaron drásticamente, y cada vez más personas se trasladaron a centros urbanos más grandes. Esto ha contribuido a la disminución de la producción nacional de alimentos, al reducirse el estilo de vida agrícola (que ya no era tan frecuente en comparación con otros países de tamaño similar). En la actualidad, la agricultura representa alrededor del 25 % de la economía iraní, y el país produce sobre todo frutas y verduras muy especializadas, como albaricoques y pasas. Aun así, en comparación con el nivel de crecimiento de la población, la producción de alimentos no ha seguido el ritmo, y el país tiene que importar aproximadamente una cuarta parte de sus suministros alimentarios de mercados exteriores.

Capítulo 2 – De la Prehistoria a la Antigüedad

Auge y declive de los elamitas

Se especula que los primeros y más primitivos asentamientos permanentes aparecieron en Irán hacia el año 7000 a. C., después de que milenios de cambios climáticos hicieran que las llanuras no solo fueran adecuadas para vivir, sino también bastante parecidas a su aspecto actual. Durante el Neolítico, se cree que los primeros asentamientos iraníes estuvieron presentes en la parte central de la región de los Zagros. El yacimiento arqueológico de Tepe Sialk, datado entre 6500 y 5000 a. C., es uno de los ejemplos más importantes de asentamiento neolítico en esta zona.

Durante los dos mil años siguientes, aproximadamente, se produjo un descenso en el número de nuevos asentamientos en la zona, a medida que la población fue adoptando el estilo de vida pastoril nómada mencionado en el capítulo anterior. Curiosamente, las pruebas arqueológicas sugieren que los asentamientos que no fueron abandonados crecieron en tamaño.

Sin embargo, los estudiosos aún no saben a qué se debió este drástico cambio de estilo de vida. Probablemente tuvo que ver con un cambio repentino en el clima, que tal vez dificultó los esfuerzos por llevar una vida agrícola sedentaria, especialmente en esta etapa temprana en la que la agricultura, en su conjunto, aún estaba desarrollándose. Muchos historiadores también han sugerido que la población de Irán también se desplazó lentamente hacia el oeste, a las tierras mucho más ricas de Mesopotamia, donde las condiciones de vida eran mejores.

La falta de tierras adecuadas para la agricultura se compensaba con la riqueza de recursos naturales de Irán. Parece que los pueblos prehistóricos ya eran conscientes de ello quizás en el año 5000 a. C., cuando los habitantes de la meseta iraní empezaron a utilizar herramientas de cobre, en sustitución de los huesos y el sílex como materiales primarios. Aunque el cobre era el material más abundante y utilizado durante este periodo, las pruebas arqueológicas sugieren que los habitantes de la meseta cercana a las actuales ciudades de Ispahán, Kermán y Qazvin también extraían y utilizaban otros metales, como el plomo, el oro y la plata.

Uno de los asentamientos más avanzados fue Shahr-e Sukhteh, situado en la región más oriental del actual Sistán, cerca del lago Hamun y el río Helmand. Shahr-e Sukhteh, que se remonta al año 4000 a. C. y probablemente perduró hasta el 1300 a. C., prosperó como una de las ciudades más ricas y grandes de Irán y sus alrededores, llegando a tener una población de no menos de ocho mil personas en su momento álgido. Debido a su proximidad a las fuentes de agua, que también proporcionaban pescado al asentamiento, y a la abundancia de diferentes minerales en la zona, como el lapislázuli, Shahr-e Sukhteh sigue siendo uno de los ejemplos más destacados de una sociedad iraní urbanizada en la época prehistórica.

Las civilizaciones vecinas de Mesopotamia consiguieron alcanzar nuevos niveles de urbanización y desarrollo, registrando sus vidas y convirtiéndose en las primeras sociedades estatales de la Antigüedad. Los primeros pueblos iraníes nunca consiguieron alcanzar cotas similares. Los grupos que residían en la parte occidental de Irán, por ejemplo, los urartianos y los lulubíes, han sido mencionados en algunos escritos mesopotámicos, lo que significa que tuvieron algún tipo de contacto con los mesopotámicos. Aun así, nunca pudieron alcanzarlos en cuanto a calidad de vida.

Sin embargo, hubo un grupo de personas que sí podían compararse. Se les considera la primera civilización iraní de la Edad de Bronce. Eran los elamitas, que acabaron por llegar y dominar la región de Juzestán desde el sur de la meseta iraní. A diferencia de otros pueblos iraníes, los elamitas consiguieron inventar su propia lengua y sistema de escritura bastante pronto después de su llegada, hacia el año 3000 a. C., aunque los historiadores no han conseguido descifrar completamente las primeras formas de su lengua. En los textos de sus vecinos, los babilonios y los acadios, el estado elamita parece haber sido uno de los reinos más prominentes de la región hacia el 2700 a. C. Existió en gran parte del actual Irán y probablemente desarrolló una amplia red comercial que conectaba los asentamientos más orientales y occidentales, incluido Shahr-e Sukhteh.

Hasta mediados de la década de 630, el reino elamita atravesó tres periodos diferentes: el Antiguo (2400-1600 a. C.), el Medio (1500-1100 a. C.) y el Neoelamita (1100-600 a. C.). A lo largo de este periodo, el reino alcanzó nuevas cotas de desarrollo y dominio en el sureste de Irán, disputando a los estados vecinos el poder y el control sobre la ciudad de Susa, que emergió como un importante centro regional. De hecho, en su apogeo, el reino elamita llegó incluso a atacar y saquear la ciudad de Babilonia hacia 1175 a. C., llevándose una de las famosas columnas del Código de Hammurabi y transportándola a Susa.

A pesar de convertirse en el "primer imperio iranio", los elamitas fueron finalmente destruidos por los asirios en el 639 a. C., cuando el rey asirio Asurbanipal capturó Susa. Con el tiempo, los restos del imperio pasarían a manos de la etnia iraní, que, por aquel entonces, empezó a desplazarse lentamente hacia el centro y el sur de Irán en un número cada vez mayor.

No obstante, las contribuciones del reino elamita al desarrollo del comercio y la cultura protoiraní, así como su papel en la formación de una relación con los pueblos más avanzados de Mesopotamia, lo convierten en una de las partes más importantes de la antigua historia iraní.

Los avestanos y el nacimiento del zoroastrismo

Hacia el año 2000 a. C., el grupo ario de los pueblos indoeuropeos había llegado a Irán, asentándose de forma permanente y acabando por dar nombre al lugar. Su llegada coincidió con el declive de varias civilizaciones de Oriente Próximo, el Mediterráneo y el valle del Indo. Los historiadores creen que los arios invadieron y conquistaron estos pueblos en muchos casos, sustituyendo poco a poco otras culturas por la suya propia, incluso en la meseta iraní.

Los arios que habitaron Irán se dividen generalmente en dos grupos. El primer grupo era el de los arios, que vivían en la parte occidental de la meseta. Llegaron a hablar la lengua persa antigua, mientras que el otro grupo hablaba una lengua completamente distinta conocida como avestán. Habitaban en el este. Como se sabe mucho menos de la historia de los iranios avestanos que de sus homólogos occidentales, quizá sea mejor hablar brevemente de ellos aquí y pasar después a los arios del oeste, que acabarían dando origen a la antigua civilización persa.

El nombre "Avesta" hace referencia a una colección de textos sagrados, himnos y escrituras de la religión zoroástrica. Se cree que la cuna de los avestanos fueron las tierras de Airyanem Vaejah, en el este de Irán, el actual Pakistán y Afganistán, por lo que la descripción es bastante amplia. Airyanem Vaejah se describe en las escrituras zoroástricas y avestanas como el centro del mundo y el lugar de nacimiento del legendario Zoroastro, así como el hogar de la montaña sagrada de Hara, que ocupa un lugar especial en la mitología zoroástrica. Los historiadores especulan con que los territorios mencionados fueron la morada real de los avestanos.

La historia del pueblo avestano se divide en dos partes: El antiguo y el joven Avestán. Durante la etapa de transición entre ambos periodos se produjeron numerosos avances culturales y sociales. El antiguo Avestán se caracterizó por una estructura social simple, un bajo nivel de urbanización para la época, la ausencia de alfabetización y un comercio y contacto limitados con otros pueblos. En cambio, en el período del joven Avestán se produjo una adaptación a los estilos de vida agrícola y pastoril (la vaca se consideraba una criatura sagrada), la creación de asentamientos y el establecimiento de las primeras formas de estructuras sociales dominadas por la familia sin muchos niveles jerárquicos. La sociedad de los jóvenes avestanos se dividía en gran medida en tres clases: guerreros, sacerdotes y pastores. Era una división bastante primitiva pero útil.

Los avestanos son los más conocidos por su cultura, concretamente por su religión, el zoroastrismo. De hecho, se cree que el gran profeta Zoroastro, figura central en la formación de la religión, apareció entre los avestanos. Esta creencia ha cobrado importancia recientemente entre los historiadores. Tradicionalmente, se creía que el lugar de nacimiento de Zoroastro fue un lugar llamado Ray, cerca de la actual Teherán. Se cree que nació en algún momento de los siglos VI o VII a. C., unos dos siglos y medio antes de la conquista de Persia por Alejandro Magno. Las escrituras avestanas y los Gathas, los textos más antiguos del zoroastrismo (se cree que fueron escritos por el propio Zoroastro), sugieren que el gran profeta nació en la región de Airyanem Vaejah. Esta idea se ve reforzada por las similitudes entre los Gathas y los Vedas (los famosos textos de la religión hindú en la India) y parece más lógica debido a la relativa proximidad entre ambos lugares.

Según Zoroastro, la deidad que adoraba, el único dios verdadero, se llamaba Ahura Mazda, el "Dios Sabio". En aquella época, otras antiguas religiones iraníes, al igual que en muchos otros lugares del mundo, hacían hincapié en la naturaleza sagrada de los objetos astronómicos, como el sol y la luna, y adoraban a las personificaciones de los fenómenos naturales, como el viento y la lluvia. Esto era algo contra lo que Zoroastro iba. Proclamó que sus visiones le habían revelado al único ser trascendente, el creador de todo y "el Primer Padre de Justicia". Se suponía que Ahura Mazda era el dios que había creado la tierra, las estrellas, la luna y todo ser viviente. Angra Mainyu, por otro lado, era el "gemelo malvado" de Ahura Mazda, y era la fuente de todo mal y oscuridad. La lucha de los humanos consistía en seguir el camino de Ahura Mazda y vivir una vida buena y recta, alabando y celebrando su majestuosa naturaleza.

El zoroastrismo pronto se convertiría en la creencia central de la cultura iraní y llegaría a moldear la región para siempre. Se basó en las religiones más antiguas y, en cierto modo, las hizo avanzar al convertir la lucha entre el bien y el mal en el punto principal de la religión. Zoroastro dejó una influencia duradera no solo en Irán y su pueblo, sino también en otras culturas con las que la religión entró en contacto.

Los medos

Los avestanos son una parte importante de la historia del antiguo Irán, aunque no se sabe mucho de ellos debido a su lejanía de otras sociedades avanzadas y alfabetizadas de la época. Se sabe mucho más sobre los pueblos que se asentaron en el norte y suroeste de Irán. Alrededor del siglo IX a. C., los antiguos escritos mesopotámicos hablan de los medos, que habitaban al sur de los montes Elburz, en la parte occidental de la meseta iraní, mucho más cerca de las civilizaciones antiguas más desarrolladas que los avestanos. Numerosas pruebas arqueológicas en esta zona apoyan esta afirmación, ya que se han encontrado y excavado a fondo diferentes asentamientos medos antiguos.

Los medos son importantes en la historia de Irán porque fueron uno de los primeros iranios en consolidarse en formaciones protoestatales, junto con los elamitas del sur. Los historiadores creen que la razón de que pasaran de ser una sociedad tribal nómada primitiva a una estructura política más cohesionada fue el contacto con su vecino occidental expansionista, Asiria. El imperio asirio era una de las facciones militares más poderosas de la antigua Mesopotamia, y su necesidad de metales y caballos fue probablemente el motivo de sus expediciones hacia el este, a los territorios iranios, ya en el año 881 a. C.

Durante el siglo siguiente, diferentes reyes asirios dominaron a los medos, lo que llevó a estos últimos a unirse en una facción predominantemente antiasiria para resistir a los invasores. Finalmente, los registros asirios hablan de un hombre llamado Daiaukku, que consiguió unir al pueblo medo con el objetivo de rebelarse contra los asirios y expulsarlos a finales del siglo VIII a. C. Esto coincide con los relatos de Heródoto, quien menciona que un hombre llamado Deioces se convirtió en el primer rey de los medos y gobernó durante casi cincuenta años. Se hizo popular por sus esfuerzos para derrotar a los asirios.

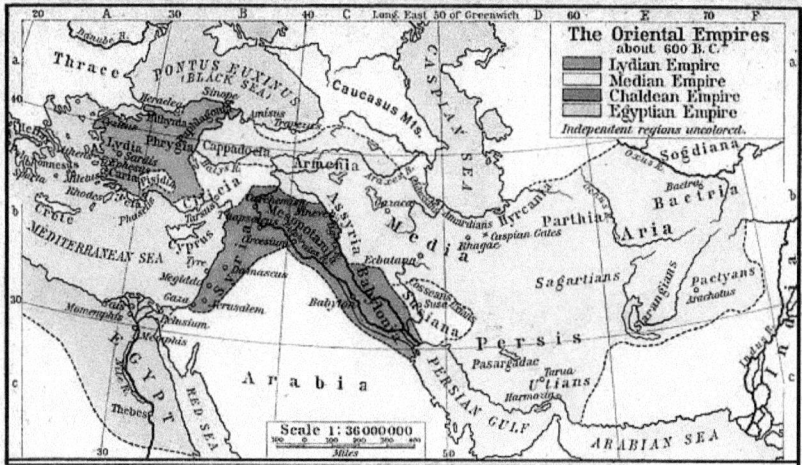

El Imperio medo en su máxima extensión

https://commons.wikimedia.org/wiki/File:Median_Empire.jpg

Los medos siguieron los pasos de Daiaukku e iniciaron su larga lucha por liberarse del yugo asirio. Finalmente, Ciaxares, nieto de Daiaukku, ascendió al trono hacia el 625 a. C. y consiguió no solo derrotar a sus rivales, sino también convertir el Imperio medo en uno de los más fuertes y prósperos del mundo antiguo de la época. En sus relatos, Heródoto cuenta cómo Ciaxares reestructuró por completo el ejército medo, adoptando elementos de Escitia y Asiria, lo que lo hizo más profesional y poderoso. También unió a otros iranios, como los persas, en una coalición. Ciaxares formó una alianza con Babilonia, enemiga del Imperio asirio. A finales del siglo VII a. C., derrotó a los asirios con la ayuda de sus aliados y se apoderó de sus tierras, junto con Babilonia.

Lo que hace que el reinado de Ciaxares sea tan legendario es el hecho de que, a su muerte, hacia 584 a. C., se había expandido hacia el este y el oeste. Destruyó el reino de Urartu en Armenia e invadió y se apoderó de tierras en Anatolia oriental antes de firmar la paz con el antiguo Imperio lidio, que gobernaba Anatolia occidental.

El reinado de Ciaxares marcó el apogeo absoluto del Imperio medo, que comenzaría su declive gradual tras el ascenso del hijo de Ciaxares, Astyages. En su máxima extensión, el Imperio medo controlaba un territorio enorme, que incluía la mayor parte del actual Irán, provincias del norte de Mesopotamia, la Gran Armenia, Anatolia occidental y territorios del este.

Capítulo 3 – El Imperio persa

De Aquemenes a Ciro el Grande

Al sur de los medos, en la provincia histórica de Fars o Persis, entre los ríos Polvar y Kur, surgió hacia el 700 a. C. otro pueblo. Se llamaban persas y acabaron dominando las tierras vecinas y formando imperios legendarios, lo que los convierte en los "verdaderos" antepasados de Irán. Se cree que las distintas tribus fueron consolidadas por la figura legendaria de Aquemenes, que surgió como su líder y es el fundador de la dinastía aqueménida, que gobernó Persia y su pueblo durante siglos.

Al igual que sus vecinos medos del norte, los persas eran bastante activos y mantenían frecuentes contactos con los pueblos que los rodeaban. Por ejemplo, los persas lucharon con los elamitas contra los invasores asirios hacia el año 670 a. C. El rey Teispes, hijo de Aquemenes, acabó apoderándose de la capital elamita de Anshan. Tras expandir el reino, dividió su control entre sus dos hijos, Ciro I y Ariaramnes. Sabemos de esto por varios registros asirios que mencionan a Ciro I como gobernante de Anshan hacia 640 a. C. El hijo de Ciro, Cambises I, aceptaría más tarde la soberanía de los medos, ya que su reinado coincidió con el ascenso de los medos bajo Cyaxares. Cambises se casó con su nieta, Mandane, durante el reinado del rey Astyages del Imperio medo. Así, a principios del siglo VI a. C., Cambises I, la cuarta generación de la dinastía aqueménida, era el gobernante de Anshan y sus tierras circundantes. Pero sería su hijo, Ciro II, quien emergería como uno de los gobernantes más memorables de la antigüedad.

Cuando Ciro II sucedió a su padre en el año 559 a. C., el Imperio medo ya había destruido y se había apoderado de muchos de los reinos occidentales, lo que alarmó a los babilonios. Los babilonios eran aliados de los medos, aunque los babilonios habían empezado a recelar del creciente poder de sus aliados. Los historiadores creen que los babilonios animaron a Ciro a unirse a ellos en su causa para socavar el poder de los medos, lo que provocó la revuelta del joven rey contra su abuelo, el rey Astyages de los medos, hacia 550 a. C. Astyages marchó sobre Anshan con un gran ejército para aplastar a Ciro, pero finalmente fue derrotado, aunque la historia no aclara exactamente cómo (probablemente tuvo que ver con el hecho de que gran parte de sus fuerzas cambiaron de bando y desertaron a favor de Ciro). De algún modo, quizá con la ayuda de la nobleza meda, Ciro pudo encarcelar a Astyages y capturar la capital meda de Ecbatana. Con su victoria, Ciro fue esencialmente capaz de unir los reinos persa y medo, declarándose a sí mismo "rey de reyes y rey de las tierras". Como Ciro era descendiente de dinastías reales tanto medas como persas (era hijo de la hija del rey Astyages, Mandane, de los medos, y de Cambises I, de la dinastía aqueménida), consiguió afianzar su posición como gobernante legítimo de ambos reinos y procedió a construir un imperio como ningún otro de su época.

En aproximadamente un año, Ciro II de Persia invadió y conquistó los pueblos iranios de las regiones de Hircania, al sur del mar Caspio, y de Partia, en el noreste de Irán. A continuación, dirigió su atención hacia el oeste, donde el rey Creso de los lidios pretendía apoderarse de las provincias centrales y orientales de Anatolia, que anteriormente habían estado bajo el control del Imperio medo. Ciro derrotó a Creso en 547 a. C., apoderándose de la capital lidia, Sardis, en el Mediterráneo, y de todos los demás territorios que antes estaban bajo la soberanía del rey lidio.

El periodo de diez años del reinado de Ciro entre la conquista de Lidia y la posterior conquista de Babilonia es relativamente desconocido, aunque los historiadores creen que Ciro detuvo la expansión o consolidó su poder en el este de Irán. Gracias a Heródoto, lo que se sabe es que en 539 a. C., Ciro II invadió Babilonia, derrotó a su impopular rey Nabónido y sitió la antigua ciudad de Babilonia. Ciro y sus tropas salieron victoriosos del asedio y conquistaron Babilonia y todas las tierras circundantes. Amplió las fronteras del Imperio persa hasta Mesopotamia.

Durante su reinado, Ciro derrotó en solitario a las principales facciones del antiguo Oriente Próximo y Medio y sentó las bases de un vasto y poderoso Imperio persa. Por sus hazañas, ha pasado a la historia como

Ciro el Grande, título que se ganó no solo por sus conquistas, sino también por su sabiduría y capacidad para gobernar. Además de ser un gran guerrero y táctico, Ciro fue un gobernante benévolo y tolerante. Nunca privó de sus libertades a los pueblos que conquistaba. Por ejemplo, una vez que derrotó a Nabonido y se hizo con el control de las tierras babilónicas, fomentó la práctica de diferentes religiones regionales, algo que los reyes babilonios habían prohibido durante mucho tiempo.

No se sabe mucho sobre los últimos años de la vida de Ciro, ni sobre los detalles de cómo gestionó realmente su reino. Sin embargo, a Ciro el Grande se le recuerda sobre todo por su magnífico logro de forjar el Imperio persa y convertirlo en una potencia regional en Oriente Próximo.

Persia después de Ciro

Ciro II sería sucedido por su hijo, Cambises II, en el año 530 a. C. tras morir luchando contra alguna tribu nómada a la edad de setenta años. El reinado de Cambises II sería relativamente corto en comparación con el de su padre, gobernando solo durante ocho años. En general, su reinado parece bastante misterioso y controvertido, siendo su mayor logro la conquista de Egipto en 525 a. C. Al igual que en el caso de su padre, no se sabe mucho sobre la forma en que Cambises gobernó el imperio, y la mayoría de las fuentes primarias describen su campaña de Egipto y su supuesta deshonra de la religión local. El joven rey murió en su viaje de regreso a Persis, aunque se desconoce la causa exacta de su muerte.

Tras la muerte de Cambises II, Persia entró en un periodo de inestabilidad y agitación. Aunque los detalles de lo que ocurrió siguen siendo desconocidos debido a las narraciones contrarias de la época, la imagen general sigue siendo la misma. Al parecer, cuando Cambises emprendió su viaje de regreso a Persis desde Egipto, su hermano, Esmerdis, presionó para reclamar el trono. Sin embargo, en realidad, según Heródoto y la única fuente de información disponible que describe la situación (la inscripción de Behistun, en Irán occidental), Cambises ya había asesinado en secreto a su verdadero hermano. El pretendiente era un impostor. Sin embargo, su aspecto se parecía tanto al del hermano del rey que incluso los miembros de la familia real le creyeron. De hecho, es muy probable que el impostor fuera un hombre llamado Gaumata, un astuto sacerdote mago, que aprovechó la oportunidad y consiguió convertirse en el gobernante persa en el año 522 a. C. Los historiadores no disponen de mucha información sobre los magos, pero eran sacerdotes del zoroastrismo y de otras religiones anteriores a la de

Avestruz.

Gaumata solo se sentaría en el trono durante muy poco tiempo, ya que los miembros de la corte real y la aristocracia persa acabaron por descubrir la verdad y lo depusieron. Darío I asumió el trono. Al igual que Ciro, con cuya hija se casó, acabaría siendo conocido como "el Grande". Según la Inscripción de Behistun, que Darío encargó y que describe los acontecimientos de la derrota del usurpador, Darío no solo derrocó a Gaumata, sino que también revirtió muchas de las decisiones del pretendiente, destruyendo los templos que había construido y restaurando las antiguas prácticas en los santuarios. Heródoto afirma que Darío procedió a reprimir brutalmente a todos los magos tras asumir el poder y que sus acciones provocaron para siempre enfrentamientos entre los magos y los zoroastrianos, así como entre el pueblo de Persia y los medos.

También se ha especulado que Smerdis o, como se le llama en persa antiguo, Bardiya, era el verdadero hermano de Cambises y que Darío técnicamente usurpó el trono cuando lo depuso. Independientemente de lo sucedido, a finales del año 522 a. C., Darío I se convirtió en rey de Persia, iniciando un largo y próspero reinado que marcaría para siempre la historia del país.

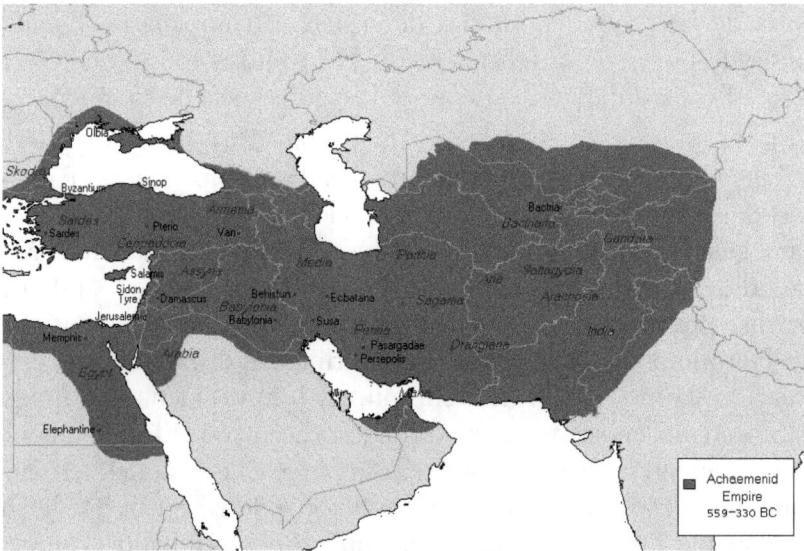

El Imperio aqueménida bajo Darío el Grande
https://commons.wikimedia.org/wiki/File:Achaemenid_Empire_559_-_330_(BC).png

Tras convertirse en rey, Darío tenía ante sí una tarea bastante difícil. Ciro el Grande había conseguido conquistar a los pueblos vecinos y sentar las bases del Imperio persa, por lo que Darío tuvo que imponer firmemente su dominio sobre sus numerosos súbditos, algo que consiguió de forma bastante maravillosa. Debido a las luchas de poder, en Persia estallaron diferentes revueltas, a las que el nuevo rey acabó haciendo frente, reprimiendo once rebeliones en total y derrotando sin piedad a todos los desafiantes. No solo eso, sino que Darío también consiguió ampliar aún más las fronteras persas conquistando los territorios libios de la costa norteafricana. También cruzó a Europa y se hizo con el control del sur de Tracia e impuso el control persa en el este, llegando hasta el oeste de la India.

Se cree que el Imperio persa de Darío I gobernaba a casi cincuenta millones de súbditos y se extendía por tres continentes, desde el norte de África hasta el río Indo y desde el Cáucaso hasta Mesopotamia. Darío I se ganó el título de "el Grande" por su excelente política administrativa, que transformaría por completo la forma de gobernar el imperio, contribuyendo a la creación de un sistema más fuerte y cohesionado que estaba lo suficientemente descentralizado como para permitir a los gobernantes regionales una gran autonomía, pero que otorgaba a Darío el respeto como el único y verdadero "rey de reyes y tierras".

Los territorios persas estaban divididos en veinte provincias separadas llamadas satrapías. Cada una de ellas tenía gobernadores locales llamados sátrapas y pagaban impuestos y tributos anuales al rey. Los sátrapas eran colocados personalmente por el rey y su corte y siempre eran de ascendencia noble. Persis, la provincia central del imperio, estaba excluida de este sistema, ya que se encontraba bajo el gobierno directo del propio Darío y estaba exenta de impuestos. Lo interesante de este sistema era que técnicamente no existía una capital para el imperio, un lugar donde se centralizara la mayor parte del poder. La razón principal de esto era probablemente el hecho de que Darío estaba siempre en movimiento, con su corte siguiéndole a todas partes. En lugar de una capital, había cuatro ciudades principales: Persépolis, que era un centro ceremonial; Babilonia; Ecbatana, la antigua capital mediana y residencia de verano del rey; y Susa, la antigua capital elamita y residencia de invierno del rey. El rey probablemente pasaría las diferentes estaciones en estas cuatro ciudades en tiempos de paz. Se desplazaba constantemente y las visitaba, a menudo supervisando personalmente los asuntos administrativos de cada una de ellas y creando un mayor sentimiento de monarquía en sus súbditos.

No bastaba con dividir las vastas tierras del imperio en diferentes satrapías, ya que Darío reconoció la necesidad de viajar eficientemente de un lugar a otro. Así, durante su reinado, empezó a ampliar y mejorar enormemente el sistema de carreteras existente en su reino, construyendo la famosa "Camino Real Persa", que conectaba Sardis con Susa y se extendía a lo largo de más de 1.600 millas, una increíble proeza de la logística y las infraestructuras de la antigüedad. Un sistema de carreteras más cohesionado y avanzado era clave para la conectividad regional y permitía tiempos de viaje más rápidos para mercaderes, mercancías, mensajeros y ejércitos.

A lo largo de las nuevas carreteras, Darío estableció diferentes estaciones a intervalos fijos donde los viajeros podían descansar y pasar la noche. También estableció lo que era esencialmente un servicio postal. Los mensajeros reales recorrían grandes distancias y podían detenerse después de cansarse en una de las estaciones a lo largo de los caminos. Podían confiar su mensaje a otro mensajero real que estaba allí estacionado en todo momento, lo que garantizaba que no se perdía tiempo a la hora de intercambiar información. Sobra decir que se trataba de una mejora asombrosa cuyo mantenimiento requería una gran atención y organización.

Darío también trató de mejorar los viajes por agua, ordenando la construcción de varios canales nuevos, como el que iba desde el delta del Nilo hasta el mar Rojo y cuya construcción encargó personalmente Darío cuando viajó a Egipto en el año 497 a. C.

Las reformas económicas de Darío el Grande son igualmente impresionantes. Después de casi un siglo de existencia del Imperio persa, Darío se encargaría de que el imperio empezara a utilizar la misma moneda que el resto -el dárico-, lo que contribuyó en gran medida a regular la economía persa. A esto le siguió la implantación de un sistema de medidas cohesionado. La razón principal era acuñar monedas de peso y forma similares para determinar su valor global. En todo el imperio se acuñaron tanto dáricos de oro como de plata. El nuevo sistema de calzadas y la reforma monetaria impulsaron el comercio interior y exterior.

A lo largo de la historia, los reinados de los monarcas verdaderamente grandes casi siempre conllevaron al menos alguna forma de desarrollo o renacimiento cultural, y Darío el Grande no fue una excepción. La cultura persa prosperó durante su reinado, algo que fue resultado de la estabilidad, prosperidad y paz que caracterizaron los últimos años de Darío como rey. A diferencia de sus predecesores, Darío puso un gran énfasis en todo lo persa y fue un gran promotor y defensor de la cultura. Se cree que fue él quien finalizó el sistema de escritura del persa antiguo, y el hecho de que existan muchos relatos sobre su gobierno es un testimonio de ello.

Sin embargo, Darío fue el monarca persa más destacado que reconoció que los persas formaban parte de un grupo de pueblos más amplio -los arios (iranios)- y se refirió a sí mismo como persa y ario. En su tumba, situada a unos ocho kilómetros al noroeste de Persépolis, se puede leer: "Soy Darío el gran rey, rey de reyes, rey de países que contienen toda clase de hombres, rey en esta gran tierra a lo largo y ancho, hijo de Histaspes, aqueménida, persa, hijo de persa, ario, de linaje ario".

Este renacimiento cultural persa se caracteriza también por la construcción de numerosos y magníficos lugares, templos y castillos, todos ellos encargados por Darío y con distintos grados de importancia. En su empeño por construir estos hitos arquitectónicos, los relatos cuentan que Darío utilizó diferentes materiales de distintas partes de su imperio, un detalle que confirma aún más los altos niveles de conectividad y comercio. Por ejemplo, el gran palacio que construyó en Susa utilizó lapislázuli, piedra, oro y ébano, importados de lugares como Bactriana, Elam, Lidia y Egipto. Es probable que artesanos de estas provincias viajaran a Susa para ayudar en la construcción del palacio. Durante su reinado se construyó Persépolis, un importante centro de la cultura persa. La ciudad estaba rodeada de grandes murallas y albergaba complejos administrativos, financieros y rituales de gran magnitud. Debido a su lucha contra los magos, Darío también es considerado el primer gobernante que esencialmente hizo del zoroastrismo una religión proto-oficial del reino, aunque su sucesor, Jerjes, definitivamente contribuyó a ello.

Desde el principio de su reinado, Darío se dio cuenta de los peligros que conllevaba estar a cargo de un imperio tan vasto y diverso. Las diferentes revueltas a las que tuvo que hacer frente en sus primeros años como rey así lo demostraron. Así, para evitar posibles revueltas y desafíos a su gobierno, Darío se aseguró de mejorar el ejército y también de afirmar su legitimidad en el reino. Como sugiere la inscripción de Behistun, Darío venció a Bardiya gracias a la ayuda de persas leales. Darío creía que podía confiar más en los persas, ya que le habían apoyado durante muchos años. Así, los persas constituían el grueso de su ejército. Darío creó los famosos inmortales, una unidad de élite de guerreros persas que contaba con diez mil hombres.

Luego, Darío se aseguró de subrayar su gobierno supremo sobre sus súbditos, así como el hecho de que él era el único y verdadero "rey de reyes". Recordó a su pueblo su ascendencia real de Aquemenes, esencialmente el fundador de Persia, y subrayó que él era el heredero legítimo al trono, tal vez tratando de suprimir cualquier creencia de que había usurpado el poder de Bardiya. Según la Inscripción de Behistun, Darío afirmaba que tenía un derecho divino a gobernar Persia, algo que le había concedido Ahura Mazda, y que había demostrado su poder y destreza militar derrotando al usurpador Bardiya y saliendo victorioso de muchas de sus batallas.

La Inscripción de Behistun nos dice mucho sobre cómo Darío se legitimó esencialmente como el verdadero gobernante de Persia combinando cuatro de las cualidades más importantes: sangre real, favor del único dios verdadero, destreza militar, y justicia y virtud. De hecho, mucho después del reinado de Darío, estas cuatro cualidades se consideraban esenciales para cualquier gobernante de Irán.

Darío el Grande fue el punto más brillante del antiguo Imperio persa, transformándolo de un estado basado únicamente en la expansión a un reino estable y próspero. Quizá fuera el imperio más avanzado y fuerte en el momento de su muerte en 486 a. C.

La lucha por Grecia

Jerjes I ascendió al trono en 486 a. C. tras la muerte de Darío I, marcando el comienzo de una era muy influyente para Persia. Durante el reinado de Jerjes, el imperio se vio intentando expandir sus fronteras más hacia el oeste, en las tierras griegas de Tracia y el Peloponeso. En la época de la expansión persa hacia el oeste de Anatolia y el sur de Tracia, los estados griegos percibían la perspectiva de unirse al imperio de diferentes maneras. Algunos reconocían que formar parte de un imperio mayor reportaría beneficios económicos, al reforzar el intercambio y el comercio entre Grecia y Oriente. Otros creían que el Imperio persa, que había crecido exponencialmente en poder y era sin duda más fuerte que Grecia, dividida entre diferentes ciudades-estado rivales, era una amenaza definitiva para todo lo griego, desde su vibrante cultura hasta su economía.

En el año 490 a. C., después de que Darío derrotara a los escitas y se hiciera con el control del sudeste de Tracia, declaró la soberanía persa sobre todas las tierras griegas. Algunas ciudades-estado, Atenas y Esparta, se resistieron. Los griegos lograron una victoria ajustada pero significativa en Maratón contra el ejército persa que había sido enviado para "castigarlos", lo que llevó a Darío a abandonar sus esperanzas de invadir Grecia. Darío no pudo y no hizo tiempo para otra invasión, sino que decidió adoptar una política más amistosa hacia Grecia e incluso acogió y empleó a muchos griegos.

Con la llegada de Jerjes, la política exterior persa hacia Grecia volvió a cambiar. El nuevo gobernante consideraba la conquista de Grecia como un proyecto que había iniciado su padre y que él debía completar. Jerjes planeó una invasión poco después de convertirse en rey, lanzando su campaña en 480 a. C. tras reunir una fuerza mucho mayor de la que disponían las ciudades-estado griegas. Cruzando Tracia, el ejército y la armada persas siguieron la costa del Egeo y entraron en Grecia a través de Macedonia sin mucha resistencia. Famosamente, los persas derrotaron a una pequeña pero feroz fuerza liderada por los espartanos en las Termópilas tras luchar contra ellos durante tres días en los estrechos pasos de las montañas.

Después de las Termópilas, las ciudades griegas fueron cayendo una a una, incluida Atenas, que los persas saquearon a finales del 480 a. C. Lo que salvó a Grecia de la destrucción total fue la decisiva victoria naval contra la flota persa en Salamina. Gracias a los esfuerzos del general ateniense Temístocles, los griegos atrajeron y atraparon a los persas en una posición ventajosa. Con su flota sufriendo grandes pérdidas, las posibilidades de Jerjes de capturar toda Grecia se redujeron significativamente, y se vio obligado a retirarse a Sardis, abandonando esencialmente la invasión, a la que finalmente pondrían fin los griegos tras su victoria en Platea.

Aunque la incapacidad de Persia para someter a Grecia puede parecer extraña en un principio, y con razón, el impacto que tuvo en el desarrollo de ambas partes es discutido por los historiadores. La mayoría cree que la derrota de Persia en ambas campañas contra los griegos marcó el inicio de un lento declive de Persia, que desembocó en su conquista definitiva a manos de Alejandro Magno casi 150 años después. Jerjes había invertido mucho dinero y recursos en la ofensiva; ese dinero y esos recursos podrían haberse utilizado para seguir construyendo las tierras que el rey persa ya controlaba. Ciertamente, parece que la lucha por Grecia no fue simplemente otra guerra fronteriza para Persia.

Sin embargo, como han retratado algunos historiadores, las guerras greco-persas no fueron un conflicto entre "occidente y oriente". Los motivos de la invasión de Jerjes eran tanto materialistas como simbólicos: sí, es cierto que quería terminar la conquista iniciada por su padre, pero también lo es que Grecia era uno de los lugares más ricos del mundo antiguo. Hacerse con el control de las ricas ciudades griegas traería una gran prosperidad a la corona persa. En todo caso, la guerra es un gran testimonio que demuestra que la ventaja numérica no siempre es suficiente. Los ejércitos griegos eran de los mejores del mundo; muy disciplinados, organizados y profesionales, fueron sin duda la razón principal del éxito de la resistencia contra los persas, que se basaron menos en la táctica y más en arrollar al enemigo.

Aun así, el fracaso de la campaña afectó a Jerjes y a todo el imperio. Durante los quince años siguientes, Jerjes decidió no embarcarse en otra audaz campaña militar, dedicando su atención a la política de la corte y a la construcción de ciudades persas, especialmente Persépolis. Se especula que las intrigas de la corte fueron la causa de su muerte. Jerjes fue asesinado en 465 a. C. y le sucedieron reyes relativamente más débiles que rara vez impulsaron políticas expansionistas. Los ineficaces cambios aplicados en las décadas posteriores al asesinato de Jerjes por los gobernantes posteriores, empezando por Artajerjes I, provocaron un gran descontento entre los distintos pueblos del imperio. Los impuestos aumentaron y la corrupción se disparó. La población descontenta se levantó contra los gobernantes aqueménidas una y otra vez, y el rey trató a los insurgentes sin piedad.

Cuando Artajerjes III se convirtió en rey en 359 a. C., la situación se había descontrolado. Las constantes revueltas habían provocado la pérdida de Egipto, y la corte estaba sumida en intrigas y conspiraciones. Las facciones rivales, con distintos niveles de legitimidad real, presionaban para reclamar el trono persa, lo que llevó al nuevo rey a asesinar a decenas de sus parientes para afirmar su dominio como verdadero gobernante. Al final de su reinado, Filipo II de Macedonia se había convertido en una gran potencia. Derrotó a las ciudades-estado griegas, incluidas las antiguas rivales de Persia: Atenas y Esparta. Los persas intentaron detener el ascenso al poder de Filipo y la unificación griega, pero en lugar de implicarse militarmente, operaron entre bastidores, tratando de ejercer su influencia sobre las facciones enfrentadas por diferentes medios, como el soborno o el chantaje.

Artajerjes murió un año después, tras la unificación de Grecia bajo Filipo, en el 337 a. C., probablemente envenenado por su médico. El trono pasó a Darío III, sobrino nieto de Artajerjes. Darío solo se convirtió en rey porque su bisabuelo había matado a muchos de sus parientes. Darío III se enfrentaría al mayor retador del Imperio persa. Su nombre era Alejandro Magno, hijo de Filipo II.

Cómo consiguió exactamente Alejandro acabar con los aqueménidas es una historia larga e intrigante. Una cobertura exhaustiva del acontecimiento requiere sumergirse en detalles intrincados para presentar el punto de vista de ambas partes; merece un libro propio. Como tenemos mucha historia que contar, aquí está la versión resumida. Alejandro Magno marchó sobre las posiciones persas, derrotándolas en tres grandes batallas en Anatolia: Granicus (334), Issus (333) y Gaugamela (331). Logró expulsar a los persas de la península y de Mesopotamia.

Alejandro Magno conquistó Egipto, Babilonia, Anatolia y Armenia con relativa facilidad, gracias a la superioridad de su falange y sus hoplitas. Había derrotado al grueso del ejército persa cuando llegó a la meseta iraní. Darío III se vio obligado a huir hacia el este, pero finalmente fue traicionado por sus propios sátrapas, que desde hacía tiempo se habían vuelto hostiles hacia los reyes de Persis. Al tomar todos los grandes centros provinciales en los años siguientes, Alejandro Magno puso fin al Imperio persa. Se apoderó de todas sus tierras e inició un periodo de helenización en Irán, así como en el resto de Oriente Próximo.

Capítulo 4 – Una nueva era

Irán helenístico

A la muerte de Alejandro Magno, en el año 323 a. C., había creado el mayor imperio del mundo antiguo, tras apoderarse de todos los territorios formalmente sometidos a los aqueménidas. Su reino se extendía desde Macedonia hasta la frontera noroeste de la India. Esto marcó un logro maravilloso. Era el hombre más poderoso del mundo. También tuvo grandes implicaciones para la cultura griega, que Alejandro extendió por todas sus tierras conquistadas. El periodo de unos cuatrocientos años que comenzó tras su muerte marcó una época dorada para la cultura griega, ya que llegaría a dominar la vida de diversos territorios. Este periodo se conocería como el periodo helenístico, y la antigua palabra griega *Hellas* se utilizaba para referirse a Grecia. El helenismo marcó el futuro de las tierras a las que llegó e influyó enormemente en los procesos sociales y políticos que tendrían lugar durante este periodo.

A la hora de hablar de la historia del Irán helenístico, hay que mencionar que Irán, o Persia, como Estado independiente, no existió durante mucho tiempo tras la conquista de Alejandro. Dos años después de su inesperada muerte, en el 321 a. C., varios de sus generales se reunieron en Triparadiso, el actual Líbano, para discutir los asuntos de la sucesión. Los territorios se dividieron en diferentes satrapías, que se extendían desde Grecia hasta Persia, con comandantes individuales a cargo de ellas. Técnicamente, el hermanastro de Alejandro, Filipo Arrhidaeus, y su hijo, Alejandro IV, fueron nombrados herederos. Sin embargo, durante los siglos siguientes, los señores de las satrapías actuaron en gran medida por su cuenta, sin estar sujetos a quien fuera el "rey" en Macedonia (la patria de Alejandro).

Lo que estas satrapías y sus gobernantes tenían en común era su origen griego. A lo largo de los años, irían helenizando poco a poco las tierras que tradicionalmente no eran griegas. Esto dio lugar a uno de los fenómenos culturales más asombrosos de la Antigüedad, ya que la cultura griega se fusionó con las numerosas culturas orientales. No solo la lengua griega, aunque a menudo modificada, se convirtió en la más hablada en Oriente, algo así como la primera "lengua común", sino que los dioses griegos también eran venerados en todas las satrapías. Elementos de las religiones locales se combinaron con la religión griega, lo que dio origen a un montón de detalles únicos en la vida de la gente corriente. Por eso, la palabra "helenístico" es diferente de "helénico": la segunda significa griego, mientras que la primera se refiere a la mezcla de las culturas griega y oriental.

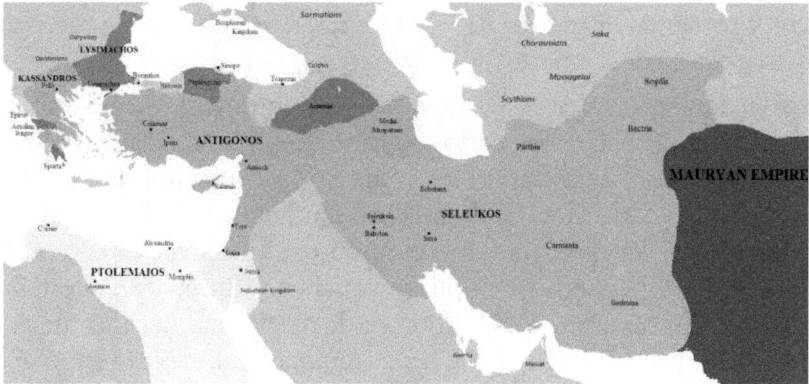

Los reinos helenísticos sucesores
https://commons.wikimedia.org/wiki/File:Diadoch.png

Las diferentes satrapías helenísticas se desarrollaron de forma diferente, y algunas consiguieron ganar más poder que las demás y surgieron básicamente como reinos propios con sus propias dinastías hereditarias. Varias de ellas son especialmente importantes. Estaba el reino ptolemaico, que incluía las tierras de Egipto y la costa norteafricana. Fue fundado por el general Ptolomeo y creció hasta convertirse en un poderoso reino, que duró hasta el año 30 a. C. antes de su conquista por Roma. El reino de Pérgamo estaba gobernado por la dinastía de los atálidas, que controlaba las tierras del oeste de Anatolia y duró 150 años. El reino de Bactriana se encontraba en la frontera más oriental del mundo helenístico e incluía tierras de Asia Central, India occidental y Persia oriental. Era conocido como el "país de las mil ciudades doradas". Y luego estaba el Imperio seléucida, un estado que había sido ampliado por su fundador y primer sátrapa, Seleuco I de Babilonia, para incluir casi todos los antiguos territorios controlados por la dinastía aqueménida. El Imperio seléucida sería la mayor satrapía superviviente del imperio de Alejandro Magno, alcanzando su máximo esplendor a mediados del siglo III a. C. Controlaría casi todo el antiguo Irán, Mesopotamia, Anatolia oriental y el Levante.

Partia

Así, el Imperio helenístico seléucida aún estaba en posesión de Irán en el año 238 a. C. cuando una confederación de tribus que habitaban al sudeste del mar Caspio se unió y se rebeló. Probablemente eran de origen escita. Unidas por su rey, Arsaces, estas tribus se conocían como los partos. Habían llegado a Irán más o menos al mismo tiempo que los medos y los persas. Conocemos a los partos gracias a los extensos relatos griegos y romanos de su ascenso al poder; no se han encontrado registros históricos reales de los partos.

En cualquier caso, se sabe que, tras la unificación de las tribus más primitivas bajo Arsaces, los partos se fueron apoderando poco a poco de los territorios seléucidas limítrofes y surgieron como importantes actores regionales en el siglo II a. C. Su ascenso también se vio favorecido por el declive de los seléucidas, ya que el imperio se vio envuelto en constantes guerras en el oeste contra el Egipto ptolemaico y Roma y en el este contra los indios. En 155 a. C., Mitrídates I de Partia decidió finalmente expandirse hacia el oeste. Su larga campaña acabó con la toma de la ciudad de Seleucia en Mesopotamia en 141 a. C.

En las décadas siguientes, los partos consolidaron su dominio sobre los territorios iranios y se convirtieron en rivales de una Roma en constante expansión, algo que quedó demostrado en el año 53 a. C. cuando derrotaron a los romanos en la batalla de Carrhae, en el sureste de Anatolia, con menos hombres. Gracias a sus orígenes nómadas en las llanuras de Asia Central, los partos eran maestros de la guerra a caballo y destacaban en las batallas abiertas utilizando tanto arqueros ligeros como jinetes catafractos pesados para superar y aplastar a la lenta y pesada infantería romana.

Durante este periodo, el Imperio parto alcanzó su mayor extensión, habiendo tomado esencialmente todos los antiguos territorios seléucidas y aqueménidas, incluyendo Bactriana, Persia, Mesopotamia, el sur del

Cáucaso y partes del este de Anatolia. Durante los doscientos años siguientes, los partos fueron la mayor amenaza para los romanos, que habían ampliado enormemente sus posesiones y conquistado básicamente la parte occidental del imperio de Alejandro.

Con su cultura aún profundamente arraigada en sus orígenes tribales de Asia Central, la cultura parta es especialmente interesante cuando se considera su relación con el helenismo, ya que contiene elementos de ambos. A diferencia de otros pueblos, los partos no tenían lengua ni escritura propias. Utilizaban el griego para comunicarse y en las inscripciones de sus monedas. Se cree que la religión parta era en gran parte el zoroastrismo, pero eso no quiere decir que los partos fueran intolerantes con otras religiones dentro de sus fronteras, sobre todo si se les compara con los romanos, tristemente célebres por la persecución de minorías religiosas.

El ascenso de los sasánidas

El Imperio parto alcanzó la cima de su poder durante sus conflictos con Roma, que durarían hasta el año 218 d. C., cuando ambas partes acordaron un tratado de paz. Aunque los romanos nunca tuvieron éxito en su lucha contra los partos, la situación interna de los partos se fue deteriorando poco a poco. A finales del siglo III d. C., la dinastía arsácida gobernante de Partia había sufrido varias décadas de acontecimientos desafortunados, como varios brotes de peste en las regiones orientales del imperio y el agotamiento de los recursos naturales, principalmente metales, debido a su uso constante durante las guerras. Además, la estructura política del Imperio parto no era tan fuerte y avanzada como lo había sido, por ejemplo, la de Roma. Durante siglos, los reyes partos habían dependido de la expansión occidental para llenar sus arcas y mantener su posición dominante sobre sus súbditos.

Así, las luchas internas culminaron en el año 205, cuando la alterada población de Persis se sublevó contra el rey. Incluso tras la destrucción de los aqueménidas por Alejandro y la posterior ocupación de las tierras persas por los seléucidas y los partos, Persis siguió siendo una de las regiones más autónomas. Por otra parte, la estructura política que se extendió por las tierras helenísticas tras la muerte de Alejandro no estaba realmente cohesionada en la mayoría de los lugares, por lo que este hecho no debería ser una gran sorpresa. Antes de la revuelta, por ejemplo, Persis seguía hablando mayoritariamente persa antiguo (Pahlaví), mientras que el resto de las antiguas provincias persas se habían pasado al griego helenístico.

La revuelta que comenzó en 205 marcó el principio del fin de los partos. Un comandante de la guarnición local llamado Ardashir dirigió a los rebeldes contra las tierras vecinas de Persis y derrotó a los señores que aún aceptaban la soberanía parta. Ardashir consiguió consolidar significativamente su posición. Partia seguía siendo inestable cuando el rey Artabano V subió al trono. En un momento dado, envió a las principales fuerzas partas a la guerra contra los romanos en el oeste. El rey tuvo que detener su campaña para intentar aplastar a los rebeldes, pero ya era demasiado tarde.

En 224, Ardashir y sus partidarios derrotaron a Artabano V. Dos años más tarde, capturaron la capital, Ctesifonte, en el río Tigris. Tras derrotar a la mayoría de los señores pro-partianos del reino, Ardashir fue coronado nuevo rey de reyes, marcando el inicio de un nuevo Imperio persa bajo una dinastía diferente. Habían pasado más de quinientos años desde la destrucción de los aqueménidas por Alejandro Magno.

Ardashir fundó la dinastía sasánida, que gobernaría Irán durante los cuatrocientos años siguientes. El nombre "sasánida" deriva de un hombre llamado Sasán, que era el padre o el abuelo de Ardashir, y se cree que estaba relacionado de algún modo con anteriores gobernantes de Irán, ya fuera directamente por sangre o para establecer un sentido de legitimidad. En cualquier caso, los sasánidas solían afirmar que descendían de la legendaria dinastía de los kayanos, mencionada en los textos zoroástricos. Aunque no se puede trazar una línea clara entre ellos y los sasánidas, la narración de que el nuevo rey de reyes procedía de la misma provincia que los aqueménidas debió de parecer atractiva al pueblo.

Ardashir fue sucedido por Sapor I en 240, que continuó las conquistas de su padre y expandió aún más el Imperio sasánida. A lo largo de su reinado, Sapor I luchó contra Roma en Anatolia y Levante. Tras ser expulsado de Antioquía y verse obligado a firmar un tratado de paz tres años más tarde, Sapor reanudó su lucha con Roma por Siria en 258, esta vez saliendo victorioso e incluso logrando capturar a gran parte del ejército romano, incluido el emperador Valeriano. Durante cientos de años, los sasánidas y los romanos siguieron luchando por provincias disputadas.

En un sentido más amplio, el conflicto entre Roma y el Irán sasánida puede interpretarse como un choque de culturas, especialmente cuando se trataba de lugares como Armenia, que era una región importante donde ambas partes tenían sus propios intereses. Los registros muestran que durante el reinado de Sapor, el zoroastrismo era la religión "oficial" de los sasánidas, y los persas obligaban a sus súbditos conquistados a convertirse. Armenia no fue diferente. Fue invadida y conquistada en el año 250 por Sapor, y el rey sasánida instaló a su hijo como gobernante de la provincia y obligó a su población a convertirse. Los armenios resistieron y, con la ayuda de los romanos, lograron expulsar a los persas invasores de sus tierras veinte años después, reinstalando a la cabeza a la antigua dinastía parto arsácida. Armenia aceptó el cristianismo como religión oficial, algo que enfureció aún más a los sasánidas, que veían Armenia como su esfera de influencia. Con el tiempo, Roma y Persia dividirían Armenia en dos: la parte oriental del país pasaría a ser vasalla sasánida zoroástrica, mientras que la occidental quedaría bajo el protectorado de Roma (que, por aquel entonces, era el Imperio bizantino).

Además de ser una potencia militar muy capaz, el Irán sasánida es especialmente significativo en la historia por la evolución que experimentó en cuanto a su estructura social, mucho más avanzada y cohesionada que la de los imperios iraníes anteriores. La Carta de Tansar es la principal fuente que utilizan los historiadores para hablar de la vida sociopolítica sasánida. Se cree que fue escrita por un sacerdote zoroástrico del siglo III durante el reinado de Ardashir y revisada un par de siglos más tarde bajo el reinado de Cosroes I Anoshirvan. La carta se considera propaganda, ya que presenta al rey Ardashir como un hombre noble y honesto que restauró la verdadera religión zoroástrica, que había caído en desgracia durante la época de los partos. Puede haber servido como una especie de justificación para la rebelión de Ardashir contra Partia, así como la proclamación "oficial" del zoroastrismo como la única fe verdadera del estado sasánida.

Aparte de destacar la importancia del zoroastrismo, la Carta de Tansar también divide la sociedad en cuatro clases, con los sacerdotes a la cabeza, seguidos de los guerreros, los eruditos y, por último, los artesanos. Esta división jerárquica formaba parte integrante del Irán sasánida. Aunque no era tan estricta como el sistema de castas indio, seguía siendo muy respetada y permitía una movilidad social limitada. Era deber del gobernante no solo asegurarse de que cada clase prosperara en lo suyo y se mantuviera estable, sino también de que las clases superiores no utilizaran sus privilegios injustamente para oprimir a las personas que se situaban por debajo de ellas en la jerarquía. Este detalle subraya aún más el hecho de que se consideraba que una de las principales cualidades de los antiguos reyes iraníes era el sentido del honor y la justicia, y que la fortaleza de la monarquía redundaba directamente en la fortaleza de su pueblo.

La importancia y el estatus de los reyes iraníes quedan claramente demostrados en sus magníficos títulos, a menudo exagerados. El título completo de Sapor I, por ejemplo, era "el adorador de Mazda, el dios Sapor, rey de reyes de Irán y de fuera de Irán, de la raza de los dioses, hijo del adorador de Mazda, del dios Ardashir, rey de reyes de los iranios, de la raza de los dioses, nieto de Papak, rey del imperio de Irán. "Está claro que los reyes iraníes hacían mucho hincapié en su noble ascendencia y en su condición divina, que les venía dada por Ahura Mazda. Aunque este fenómeno no es exclusivo de la cultura iraní, ya que la noción de un dios que otorga el derecho a gobernar a un soberano está presente en todo el mundo, los reyes sasánidas quizá lo llevaron un paso más allá. Creían que el rey tenía un aura divina especial visible llamada *farr*.

La época sasánida marcó un periodo de desarrollo en todos los aspectos de la vida en Irán, ya que los reyes se involucraron cada vez más en los asuntos cotidianos del reino, quizá con el objetivo de establecer una sensación de cercanía con la población, algo que se traduciría en un mayor apoyo y lealtad por parte de sus súbditos. Los primeros monarcas sasánidas fundaron nuevas ciudades y ampliaron los sistemas de regadío para facilitar la agricultura en todo el reino, basándose en las avanzadas infraestructuras creadas por Darío el Grande. Estas medidas impulsaron la vida urbana de Irán y aumentaron la economía al fomentar un mayor comercio regional. La incautación de más tierras sin explotar afectó positivamente a los ingresos de la familia real sasánida y contribuyó a una mayor centralización del poder.

El zoroastrismo se estableció firmemente como uno de los fundamentos del dominio sasánida. A lo largo de la era de la helenización, tras la conquista de Persia por Alejandro Magno, muchos de los santuarios y templos zoroástricos fueron dañados o sustituidos por cultos regionales que contenían elementos de diferentes culturas, algo que se retrocedió tras el establecimiento de la monarquía sasánida. Aunque el imperio seguía siendo étnicamente diverso, los gobernantes sasánidas impulsaron una mayor centralización del poder y los recursos; creían que la práctica de una sola religión en el reino era decisiva en este empeño. Así, los cultos que habían aparecido durante el Imperio parto fueron sustituidos casi por completo hacia el siglo V o VI.

Poco después de su creación, el Estado sasánida desarrolló una estructura jerárquica para los sacerdotes zoroástricos, en la que el rey era el encargado de nombrar al sacerdote principal, que se encontraba en la cúspide. Se cree que Tansar, el autor de la carta mencionada, fue el primer sacerdote principal bajo el mandato de Ardashir. Sus escritos hablan de una relación especial entre el Estado y la religión, reivindicando la unidad de "Iglesia y Estado... nacidos de un mismo vientre, unidos y que nunca se separarán".

Uno de los logros más importantes del zoroastrismo fue la recopilación de antiguos textos religiosos e himnos, que se habían transmitido oralmente durante muchos siglos. Diferentes gobernantes sasánidas recopilaron el Avesta zoroástrico y supervisaron su grabación en varias escrituras diferentes, tanto para incorporar los antiguos dialectos iraníes en los que se habían hablado históricamente los textos como para hacerlos accesibles a los hablantes de la lengua común Pahlaví (persa medio). Esta política fomentaba el aprendizaje religioso e impulsaba el establecimiento de una lengua hablada oficial en todo el reino, lo que centralizaría aún más el dominio sasánida. En este periodo también se promovió la erudición no religiosa, lo que llevó a la creación de una de las primeras epopeyas históricas nacionales, el *Khwaday-Namag* (Libro de los gobernantes), encargado y supervisado por la corte del rey y el sacerdocio zoroástrico.

El sistema jurídico iraní también experimentó mejoras durante la época sasánida. El sistema hacía mucho hincapié en la justicia, concretamente en el rey como promotor y garante de la justicia en la sociedad. Todos los súbditos del imperio respetaban la ley, independientemente de su condición social. Bajo la supervisión del rey, se establecieron tribunales por todo el reino, y la práctica del derecho se basaba principalmente en los principios zoroástricos. Los diferentes juicios se registraban y se utilizaban como ejemplo para futuros casos de delitos similares. Todas estas prácticas se recopilaron a principios del siglo VII en el Libro de los Mil Juicios, que constituyó el código legal del imperio.

Por último, la Carta de Tansar subraya los esfuerzos del rey Ardashir por definir las fronteras entre la aristocracia sasánida y el pueblo llano. Al parecer, las distinciones entre ambas clases constituían una parte importante de la sociedad sasánida. La nobleza no solo era mucho más poderosa, sino que además transmitía su estatus en todo, desde su atuendo distintivo hasta sus propiedades. Rara vez se relacionaban con los miembros de las clases inferiores, y el matrimonio entre ambos estaba prohibido. Sin embargo, lo cierto era que la nobleza seguía aumentando su riqueza, poder e influencia, algo que pronto se convirtió en un problema para la familia real sasánida.

Cosroes I

A finales del siglo V, los sasánidas se enfrentaron a una serie de desafíos, tal y como sucede inevitablemente a todos los grandes imperios, independientemente de su tamaño o poder. Hasta entonces, el imperio se había dedicado sobre todo a luchar contra los romanos por sus territorios fronterizos, habiendo establecido ya un centro algo consolidado en el este. El Cáucaso meridional y la Gran Armenia eran los principales puntos de disputa entre ambos bandos, pero bajo el reinado de Kavad I, los sasánidas se enfrentaron a un importante problema sociocultural interno. Durante décadas, los miembros de las clases sociales más bajas, aquellos que no formaban parte de la nobleza o la aristocracia, habían experimentado un empeoramiento de sus condiciones de vida. No es de extrañar que se sintieran molestos por su posición social.

Encontraron su paladín en Mazdak, un sacerdote zoroastriano que pronto ganó muchos adeptos y lideró el impulso de las reformas en la sociedad iraní. Mazdak y sus partidarios exigían que se mejoraran las condiciones en que vivía la mayoría de la población, protestando contra la desigualdad y su explotación por la aristocracia. Creían que la competencia despiadada y desigual originaba males en el mundo y deseaban al menos reducir la brecha entre los dos extremos de la sociedad sasánida. Mazdak propuso dividir y redistribuir las tierras, que eran la principal fuente de ingresos de los nobles, para que más gente asumiera la propiedad de la tierra y aumentara su riqueza. Además, impulsó el aumento del papel de la mujer en la sociedad iraní, algo que no era tradicional.

Curiosamente, al rey Kavad I, que no tenía tan buen ojo para gobernar como algunos de sus predecesores, le gustaron las propuestas de Mazdak al principio, al menos en teoría. Quería conseguir más apoyo de los campesinos y reducir el poder de los aristócratas. Sin embargo, los relatos de la época sugieren que Kavad se vio superado por el clero zoroástrico y la nobleza. En medio del caos político que sobrevino, perdió su poder.

En la lucha por la sucesión, los sacerdotes y aristócratas ayudaron a instalar a uno de los hijos de Kavad, Cosroes I, como nuevo rey. Probablemente influyeron en él para que adoptara una actitud contraria a Mazdakia. Cosroes I asesinó a miembros de la familia real tras su llegada al trono, y también convocó a Mazdak a la capital, Ctesifonte, en 528. Mazdak probablemente pensó que el rey quería discutir las diferentes opiniones que mantenía sobre la estructura social del reino, pero Mazdak fue encarcelado y ejecutado. Durante los meses que siguieron a la ejecución de Mazdak, sus partidarios fueron brutalmente reprimidos por el régimen de Cosroes. Cosroes se convirtió en uno de los más firmes defensores del zoroastrismo tradicional y obtuvo muchos favores de la nobleza sasánida y del clero zoroastriano por sus acciones.

El reinado de Cosroes I se caracterizaría por un mayor fortalecimiento de la monarquía sasánida, algo que el rey consideraba absolutamente necesario tras un periodo de inestabilidad en el reino. Optó por mejorar el sistema administrativo del reino, introduciendo un nuevo sistema fiscal basado en la propiedad de la tierra, que el rey puso en práctica tras meses de realizar encuestas y censos. Esto redujo el poder de las principales familias aristocráticas del reino y garantizó una nueva fuente de ingresos para el tesoro real. Los miembros de la *dehqan* (clase terrateniente) se beneficiaron enormemente de las reformas de Cosroes, emergiendo como una fuerte clase media y convirtiéndose en una valiosa parte de la economía. También formaban una gran parte del ejército sasánida y se convirtieron en uno de los grupos sociales más favorecidos por el rey. Cosroes I también invirtió mucho en la modernización de las infraestructuras sasánidas y financió la reparación de muchas de las antiguas carreteras que conectaban las principales ciudades entre sí.

Cosroes I es recordado en la historia por su decisión de reanudar la guerra con los bizantinos, que, en cierto modo, se habían recuperado de su propio periodo de inestabilidad y resurgido como un fuerte actor regional bajo el emperador Justiniano. Durante unos veintidós años tras el lanzamiento de la invasión sasánida en 540, las fuerzas de Cosroes lograron penetrar en tierras bizantinas y se hicieron con el control de Antioquía y algunas de las provincias del noreste de Anatolia, lo que permitió al monarca sasánida acceder al mar Negro.

En 562, ambas partes llegaron a un acuerdo de paz. Sin embargo, Cosroes siguió su éxito con aún más triunfos militares, derrotando a algunas de las facciones que rodeaban al Imperio sasánida. En el este, con la ayuda de los turcos, hizo retroceder a los hunos blancos. En el Cáucaso, derrotó a los jázaros, que habían sido aliados estratégicos de los bizantinos y eran una espina clavada para los intereses sasánidas en la región. Por último, defendió con éxito la península arábiga de un ataque etíope abisinio y consiguió establecer Yemen como protectorado sasánida. En la década de 570, cuando se reanudó la guerra con el Imperio bizantino, los sasánidas se encontraban en una posición claramente más favorable, aunque la falta de compromiso por ambas partes produjo resultados poco concluyentes.

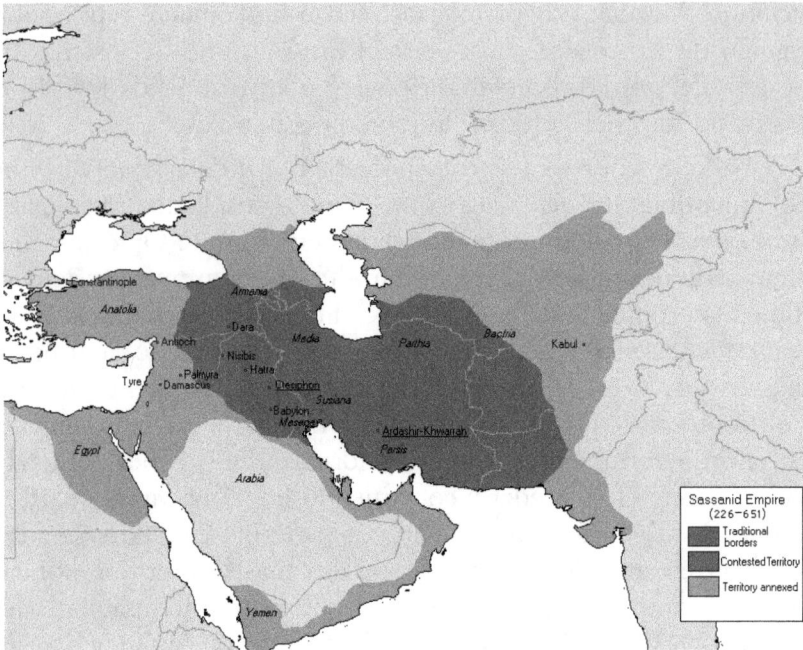

La Persia sasánida en su máxima extensión
https://commons.wikimedia.org/wiki/File:Sassanid_Empire_226_-_651_(AD).GIF

Por sus contribuciones al reino, Cosroes I ha llegado a ser conocido como Anoshivan (Anushirvan), cuya traducción aproximada es "de alma inmortal". Era el tipo de gobernante que solo ascendía al trono una vez cada generación. Su política afectó a casi todos los aspectos de la vida sasánida y su reinado fue un símbolo de prosperidad y dominio del imperio.

Sin embargo, como la historia ha demostrado muchas veces, casi inmediatamente después de la muerte de Cosroes, el Imperio sasánida se sumió en otro periodo de caos y el futuro del reino se puso en entredicho. Esta vez, los insurgentes surgieron en el noreste de Irán y estaban formados principalmente por la nobleza parta, descontenta por las reformas de Cosroes que habían debilitado su poder. Los sucesivos gobernantes sasánidas se vieron inmersos en una lucha constante con los nobles partos hasta que el rey Cosroes II Parviz derrotó finalmente a la rebelión en 602. Tras su victoria, el soberano sasánida se apoderó de numerosos territorios en Levante y llegó incluso a Egipto en 619. Su reinado llegó a su fin en el 628, cuando fue derrocado por sus rivales internos.

En resumen, Cosroes I sería el último gran gobernante sasánida, y el imperio nunca volvería a alcanzar las cotas que alcanzó bajo Cosroes Anoshirvan. En cambio, a finales del siglo XVI, Irán se enfrentaría a un fenómeno sociohistórico que dejaría una huella permanente en la nación: el nacimiento del islam.

La conquista árabe

En general, puede afirmarse que la historia de Irán puede separarse en dos grandes épocas: el periodo preislámico, la historia que va desde la aparición de las primeras civilizaciones iraníes hasta la desaparición de los sasánidas, y el periodo islámico, que comenzó en el siglo VII y se ha prolongado durante casi 1.500 años. El motivo de esta separación es la enorme transformación cultural, social y política que experimentaría Irán tras la conquista árabe y su posterior islamización. La diferencia más obvia sería, por supuesto, la sustitución del zoroastrismo por el islam como nueva religión del Estado, lo que tendría enormes consecuencias culturales y sociales, provocando la desaparición casi completa del zoroastrismo en los siglos siguientes.

El comienzo de la era islámica también vería la destrucción de los sasánidas, una de las dinastías más influyentes que había visto el país. En resumen, cambios sociales y políticos de tal magnitud ocurren raramente en el mundo, pero cuando lo hacen, tienden a dejar un impacto que dura siglos. Y el nacimiento de una nueva religión llamada islam puede considerarse sin duda uno de esos acontecimientos.

Antes de pasar a la conquista árabe, que introdujo el islam en Irán, debemos repasar brevemente la historia de Arabia. Es importante comprender que, a diferencia de Irán, donde la vida tribal nómada original, centrada en los caballos, se transformó gradualmente en una civilización orientada al Estado, los pueblos de la península arábiga tardaron mucho más en adoptar cambios similares en su estilo de vida. Gran parte de Arabia, incluso en la época de los sasánidas, seguía siendo nómada, aunque en algunas partes se establecieron asentamientos permanentes y ciudades. La relación entre los antiguos gobernantes persas y los árabes era en gran medida hostil. Las tribus nómadas árabes lanzaban frecuentes invasiones en las tierras mesopotámicas limítrofes, que les atraían por su riqueza.

Así, los gobernantes iraníes tuvieron que defender Mesopotamia no solo de los romanos, sino también de las partidas de incursión árabes que saqueaban una y otra vez la campiña mesopotámica. A veces, los árabes suponían una amenaza aún mayor. Por ejemplo, durante el reinado de Sapor II, se aventuraron en una de sus expediciones más audaces y asediaron la capital sasánida de Ctesifonte, situada justo en el centro de las tierras bajas mesopotámicas. Los árabes asaltaban a veces la costa iraní del Golfo. Tenía que haber algún tipo de presencia naval iraní para defender la región de estas incursiones.

Para hacer frente a la inminente amenaza árabe, los gobernantes sasánidas solían entablar amistad con una dinastía árabe, estableciendo sus tierras como una especie de estado tapón entre los reinos sasánidas y los peligrosos territorios árabes. Contar con un poderoso aliado en el sur ayudó a reducir en gran medida el número de incursiones árabes serias hacia el año 600. También ayudó en ocasiones contra los bizantinos. A veces también ayudó contra los bizantinos, ya que los aliados de los sasánidas a menudo lanzaban sus propias partidas de asalto contra los cristianos.

Obviamente, un acontecimiento importante que afectó enormemente a la relación entre árabes y persas fue el nacimiento del islam y su aparición como religión regional de gran influencia a mediados del siglo XIX. Por supuesto, diseccionar las creencias y principios islámicos con gran detalle está fuera del alcance de este libro, pero lo que debemos entender es que las enseñanzas del profeta Mahoma ganaron mucha tracción muy rápidamente. Gracias a los esfuerzos del venerado comandante militar Jalid ibn al-Walid, las tribus árabes desde el suroeste de la península arábiga hasta las fronteras de Mesopotamia se unieron bajo la bandera del islam. Las tribus árabes de toda la península juraron lealtad a Abu Bakr, el primer califa del califato Rashidun, el estado árabe que surgió como sucesor del profeta Mahoma a su muerte en 632. Abu Bakr también gobernaba Medina y prácticamente todo el mundo musulmán.

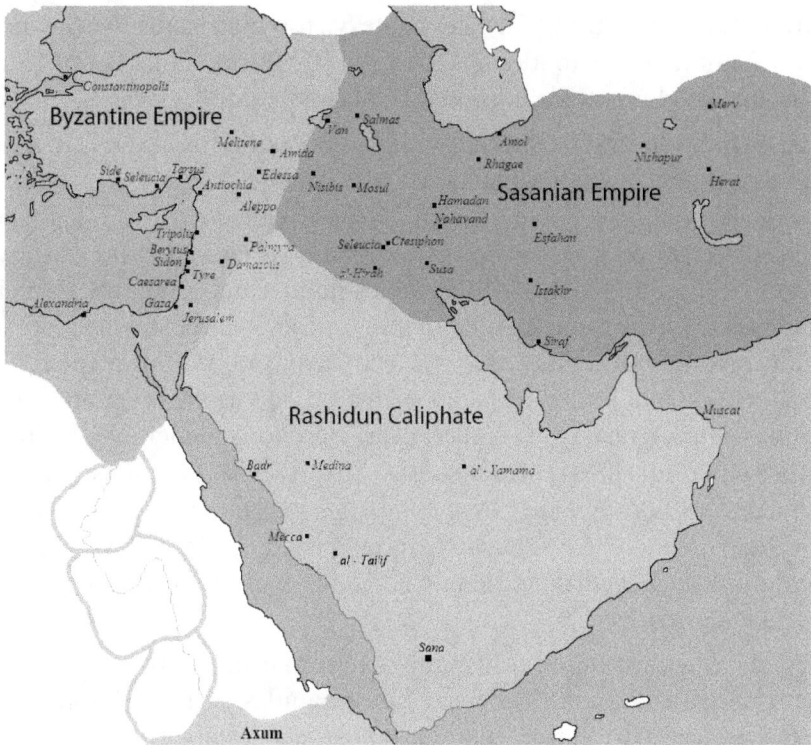

Mapa de Oriente Próximo en 640 d. C.

Todo ello coincidió con el declive del Irán sasánida tras la muerte de Cosroes I Anoshirvan. Las guerras de sucesión y la existencia de familias nobles rivales que actuaban según sus propios intereses debilitaron el reino, algo que no pasó desapercibido a la emergente maquinaria bélica árabe. A principios de 634, los árabes bajo el mando de Jalid ibn al-Walid lanzaron sus primeras incursiones en la Mesopotamia controlada por los sasánidas, pero fueron repelidos por los sasánidas bajo su nuevo rey, Yazdegerd III, que aplastó la incursión en la batalla del Puente en octubre.

Sin embargo, los árabes no se rindieron. Siguieron enfrentándose a las fuerzas sasánidas en Mesopotamia y finalmente lanzaron otro asalto a gran escala en 636, esta vez bajo su nuevo califa, Omar. Lograron doblegar a los sasánidas en la batalla de Qadisiya a principios de 637 y obtuvieron acceso directo a las ricas ciudades mesopotámicas, que eran suyas. El Estado sasánida, ya desorganizado, fue incapaz de resistir a los invasores árabes. Ctesifonte, o al-Mada'in, como la llamaban los árabes, fue sitiada y tomada sin mucha dificultad. Mientras el ejército sasánida huía al centro de Irán, los árabes tomaron Ctesifonte y, tras una serie de victorias en Jalula y Nahavand, se apoderaron de toda la Mesopotamia controlada por los sasánidas y de parte de la provincia occidental de Juzestán.

Así, la década de 630 fue el periodo en el que los árabes emergieron como una potencia a tener en cuenta, y el califato creció, por primera vez, fuera de la península y penetró en las tierras de Levante. La población que permaneció en las ciudades mesopotámicas conquistadas se convirtió al islam. El califa Omar se enfrentó al dilema de continuar la ofensiva hacia los territorios iraníes. Al principio, el califa se mostró reacio, y tenía buenas razones para ello. La meseta iraní era un lugar peligroso y desconocido para los árabes. Sin embargo, no podía permitir que los sasánidas se reagruparan y reunieran un ejército considerable, sobre todo porque tenía un buen impulso tras sus diversas victorias contra los sasánidas. Los hombres de Omar estaban especialmente motivados tras la toma del castillo de Nahavand, que fue una de las victorias más importantes de la guerra árabe-persa. Al final, el califa optó por llevar la lucha al enemigo.

Así, a principios de 642, los árabes terminaron todos los preparativos necesarios para la toma de Persia. Los sasánidas seguían desorganizados por el caos de los últimos cuarenta años y no estaban preparados para montar una defensa que pudiera doblegar a los conquistadores árabes, algo de lo que Omar se dio cuenta y decidió utilizar a su favor. La derrota en Nahavand había desmoralizado aún más a los sasánidas, y Yazdegerd había huido hacia el este, quizá con la esperanza de que los árabes no pudieran alcanzarle. Tras penetrar por la provincia de Hamadán hasta el corazón de Irán, los árabes se hicieron con el control de la ciudad central de Ispahán, dividiendo esencialmente en dos los territorios sasánidas. Una vez hecho esto, lanzaron campañas en Azerbaiyán y Fars para hacerse con el control de las tierras. En 650, todo el Irán occidental y central había caído en manos árabes. Yazdegerd permaneció en el este. Seguía siendo nominalmente el gobernante del imperio, pero en realidad, era incapaz de reunir una fuerza lo suficientemente grande como para resistir a los árabes. Finalmente murió en 651, asesinado por su propio pueblo en la ciudad de Merv, en el norte de Jorasán. El Imperio sasánida había llegado a su fin.

Tras la conquista del oeste de Irán, las fuerzas árabes invadieron rápidamente las provincias del este sin apenas resistencia. En lugar de oponer resistencia, muchos habitantes de Jorasán se rindieron y capitularon ante sus invasores para evitar un derramamiento de sangre y una destrucción innecesarios. La lucha por Sistán, en el sureste, fue más difícil para los árabes, pero finalmente derrotaron a las últimas partes que se resistieron y se apoderaron de todas las tierras sasánidas. A principios del año 660, el califato Rashidun, el primer estado musulmán, se había establecido como uno de los imperios más poderosos del viejo mundo, controlando Arabia, el Levante, partes del este de Anatolia, el sur del Cáucaso, todo Irán e incluso algunas tierras de Asia Central. La conquista árabe de la Persia sasánida fue completa.

Irán islámico

La era del islam en la historia de Irán comenzó con la destrucción del Imperio sasánida y la conquista árabe de Persia. A pesar de la rápida y exitosa invasión de los árabes, los invasores tardarían un par de décadas en establecer un control firme sobre los territorios iraníes. Existían numerosas diferencias socioculturales entre ambos pueblos y los iraníes se negaban obstinadamente a aceptar a los árabes como sus soberanos. No obstante, comenzó la islamización de Irán, y este cambio masivo alteraría para siempre el curso de la historia iraní.

Persia se convirtió lentamente al islam, con más facilidad en unos lugares que en otros. Los registros históricos sugieren que había estado expuesta a la religión, al menos hasta cierto punto, antes de la conquista árabe. Supuestamente, durante la vida del profeta Mahoma, el primer persa que aceptó el islam fue Salman Farsi (Salmán el Persa), una figura que se cree que conoció personalmente al profeta en Medina en los primeros días del califato. Tras convertirse al islam, Salman Farsi mantuvo una estrecha relación con los dirigentes del califato e incluso podría haber sido nombrado gobernador de Ctesifonte una vez que fue tomada por los árabes.

Miles de iraníes se unieron a los árabes durante su conquista de los territorios sasánidas, especialmente tras la caída de Mesopotamia. Esto puede explicarse por el hecho de que la principal motivación de las conquistas árabes del siglo VII no era obligar a los pueblos conquistados a convertirse a la nueva religión. Los iraníes que se unieron a los ejércitos árabes probablemente estaban motivados por sus propios intereses y creencias personales, sobre todo si se tiene en cuenta que la autoridad sasánida de la época estaba en ruinas. Cuando los árabes completaron la conquista de las tierras sasánidas, se cree que alrededor de una cuarta parte del ejército estaba compuesto por reclutas iraníes, la mayoría de ellos convertidos al islam.

A diferencia de la mayoría de las otras tierras que los árabes acabaron conquistando, la islamización de Irán fue mucho más difícil y estuvo mucho más fragmentada, debido principalmente a las numerosas diferencias regionales que existían en las distintas provincias de Persia en aquella época. En algunos lugares, como la provincia oriental de Jorasán, la propagación del islam fue pacífica y eficaz. Los pueblos de la remota provincia iraní se habían rendido en gran medida sin combatir, estableciendo desde el principio una relación relativamente estable con los árabes.

Además, los habitantes de Jorasán y los árabes, que ahora eran sus soberanos, tenían intereses comunes: defender sus tierras de las incursiones turcas y hunas procedentes de las llanuras de Asia Central, algo que históricamente había asolado Jorasán. Las guarniciones árabes estaban estacionadas en Jorasán en todo momento. Esta presencia constante contribuyó sin duda a la conversión de muchos súbditos, que también se vieron animados a hacerlo por los fuertes impuestos que los árabes aplicaban a los residentes no musulmanes. El impuesto aplicado a los súbditos no musulmanes del califato se denominaba jizya. Los no musulmanes tenían que pagar este impuesto además de los ya existentes que debían abonar a sus jefes administrativos. Debido a las elevadas tasas de la jizya y a la intolerancia de los árabes hacia quienes se negaban a pagarla, muchos no musulmanes fueron convertidos por la fuerza al islam, entre ellos los zoroastrianos, que emigraron en masa hacia el este, a la India.

Tras la conquista árabe de Persia, el mundo musulmán se vio brevemente inmerso en una guerra civil sin cuartel llamada la primera fitna, que finalmente condujo al fin del califato Rashidun y a la formación de su sucesor, el califato Omeya, en 661. Fundado por Mu'awiya, antiguo comandante de los Rashidun, que dirigió a los insurgentes durante los cinco años que duró la guerra civil, los omeyas impusieron un régimen aún más duro en Irán y discriminaron fuertemente a todos los súbditos no árabes del imperio. Los omeyas se convertirían en la principal dinastía del mundo musulmán durante casi cien años y conquistarían gran parte de la costa norteafricana y el sur de Iberia.

Sin embargo, en la década de 740, un creciente sentimiento en contra de su duro gobierno desembocó en una rebelión en Jorasán. Para entonces, la noción de legitimidad del gobernante del califato había cobrado cada vez más importancia en el mundo musulmán. Muchos manifestantes creían que los omeyas no eran los gobernantes legítimos del imperio, ya que no eran descendientes del profeta Mahoma ni de su familia. Por tanto, no tenían derecho a estar al mando de los musulmanes.

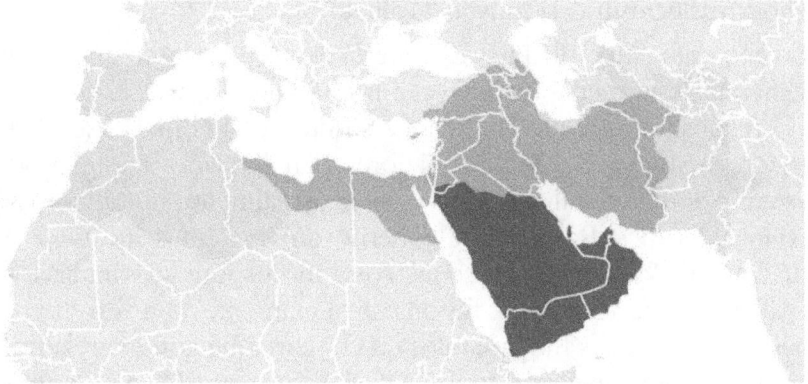

El crecimiento del califato árabe: El marrón oscuro indica el mundo musulmán durante la vida del profeta Mahoma. El marrón claro indica el mundo musulmán durante el califato Rashidun. El amarillo indica el mundo musulmán durante el califato omeya
https://commons.wikimedia.org/wiki/File:Map_of_expansion_of_Caliphate.svg

Finalmente, en 747, los no árabes de la provincia se unieron en una revolución contra el califato omeya. Liderados por un general musulmán iraní llamado Abu Muslim, los no árabes fueron ganando cada vez más apoyo a medida que avanzaban hacia el oeste, hasta llegar a Mesopotamia, donde estaba centralizado la mayor parte del poder omeya. Los rebeldes lograron derrocar a los omeyas en 750 e instalaron a As-Saffah como nuevo califa. As-Saffah era descendiente de Abbas ibn Abd al-Muttalib, tío del profeta Mahoma, lo que dio al nuevo gobernante una sensación de legitimidad, al menos en mayor grado que la que habían tenido los omeyas "usurpadores". Había nacido el califato abbasí. Fue el tercer califato islámico que sucedió al profeta Mahoma y marcó el inicio de una nueva era islámica.

El establecimiento del califato abbasí es especialmente importante desde el punto de vista de la historia iraní porque los iraníes influyeron mucho en el califato a lo largo de su existencia, principalmente en las primeras décadas. En primer lugar, hay que subrayar una vez más que los abbasíes fueron mucho más tolerantes que sus predecesores con las minorías del reino. Aun así, estallaron muchas revueltas en las provincias iraníes, pero estas revueltas no buscaban principalmente obtener más libertades religiosas, aunque se ha sugerido como una de las causas una conspiración antiárabe para restaurar el poderío del zoroastrismo. En cambio, las rebeliones del siglo VIII en Herat, Azerbaiyán y Zarafshan tenían motivaciones políticas. Las poblaciones locales estaban descontentas porque las familias nobles iraníes habían sido despojadas de muchos privilegios tras la toma del califato.

En conjunto, sin embargo, no debería sorprender tanto que los iraníes, en general, desempeñaran un papel importante en el califato abbasí, ya que la revolución que tuvo lugar para sustituir a los omeyas se originó en la región de Jorasán. Los historiadores han llamado a este proceso la "persianización" del califato, que comenzó realmente durante el reinado del califa Harun al-Rashid, que gobernó durante unos diecisiete años a partir del 786. Muchas ideas, conceptos e instituciones sasánidas e iraníes más antiguos empezaron a fusionarse lentamente con sus homólogos árabes, que tenían sus fundamentos en el islam, que aún era relativamente joven. La literatura persa se tradujo al árabe y se modificó para transmitir mejor los principios islámicos. Los reclutas iraníes también formaban una gran parte del ejército abbasí.

Los árabes implantaron en sus sistemas administrativos diferentes estructuras y cargos de origen principalmente iraní. Por ejemplo, los gobernantes árabes empezaron a emplear visires, que son el equivalente actual de los ministros. Eran responsables de diferentes funciones administrativas. Los árabes adoptaron la moneda y los sistemas fiscales persas. Muchos árabes empezaron a vestir atuendos tradicionalmente persas; incluso la arquitectura islámica empezó a tomar mucho prestado de los antiguos estilos iraníes. La influencia de la cultura iraní y la presencia de muchas otras culturas distintas bajo el gobierno abbasí contribuyeron a la transformación del califato, que pasó de ser un imperio fundamentalmente árabe a centrarse más en el islam que en las diferencias étnicas o culturales entre los pueblos.

La introducción del islam en Irán también tuvo enormes consecuencias. La práctica islámica iraní se desarrolló al margen del resto del mundo musulmán. Con el tiempo, esta versión del islam se introduciría en los pueblos túrquicos de Asia Central que emigraban y se desplazaban cada vez más hacia el oeste a finales del siglo VIII. Los mongoles y los turcos acabarían convirtiéndose en los amos de Oriente Próximo y darían lugar al Imperio selyúcida y, más tarde, al Imperio otomano. Sin embargo, primero conocerían las prácticas y tradiciones islámicas al cruzar la meseta iraní. A medida que se apoderaban de los territorios anteriormente en poder de los bizantinos, los califatos árabes y las dinastías persas, se erigirían en defensores incondicionales de la fe islámica, difundiendo la versión de la vida islámica que había nacido a través de la cultura iraní en tres continentes, desde el norte de África hasta Europa oriental.

Capítulo 5 – El Irán turco-mongol

El intermezzo iraní

A finales del siglo IX, los gobernantes abasíes designaron a antiguas familias nobles iraníes para gobernar las distintas provincias persas del imperio. Esta práctica duraría hasta la migración masiva y la conquista final de Irán por los pueblos túrquicos de Asia Central. Este periodo, dominado por una especie de renacimiento de la cultura y el arte de gobernar iraníes, se conoce como el Intermezzo iraní. Comienza con la fundación de la dinastía tahirí por un general iraní llamado Taher, quien, debido a sus logros en el campo de batalla para los abasíes, obtendría el control de Jorasán en 821. A diferencia de la provincia original durante las épocas aqueménida, parta y sasánida, Jorasán incluía ahora tierras muy al oeste. El control de un territorio y unos recursos tan vastos convirtió a los tahiríes en gobernantes de su propio reino. Con el tiempo, desarrollaron una relación especial con los califas abasíes y ejercieron una gran autonomía sobre las tierras que gobernaban.

A lo largo de los cien años siguientes surgieron otras dinastías iraníes que se apoderaron de los territorios persas históricos y a las que sus soberanos árabes asignaron el gobierno. Estas dinastías produjeron una mezcla especial de civilización perso-islámica, ya que eran étnica y culturalmente iraníes en todos los aspectos, pero también estaban vinculadas a sus hermanos musulmanes a través de su nueva religión.

Fundados por un hombre llamado Ya'qub ibn al-Layth al-Saffar, los safaríes primero libraron guerras contra los no musulmanes que habitaban las tierras fronterizas antes de centrar su atención en los vasallos abasíes.

Incluso acabaron con los tahiríes en 873. Tres años más tarde, los safaríes prosiguieron sus esfuerzos, invadieron las provincias persas de Fars y Kerman y estuvieron a punto de llegar a Bagdad para derrocar a los abasíes. Sin embargo, acabaron siendo derrotados en 876 por las fuerzas árabes y expulsados de nuevo a Sistán, donde permanecieron como señores regionales durante años. La dinastía safarí desempeña un papel importante en la historia del Irán islámico primitivo, ya que fue la primera en desafiar la soberanía abasí y luchar por restaurar un Estado persa proto-nacional que siguiera siendo islámico.

Además de los tahiríes, también surgió una poderosa dinastía iraní en Sistán, la región sudoriental más remota del califato. Sistán había resultado muy difícil de gobernar para los abasíes debido a su lejanía del centro de la civilización árabe en Levante. Los safaríes se convirtieron en los gobernantes de Sistán, pero, a diferencia de los tahiríes, adoptaron políticas mucho más agresivas hacia sus vecinos, incluida la corona abasí, a cuyo dominio estaban técnicamente sometidos.

La dinastía que tomaría el control de Bagdad y lograría socavar a los abasíes fue la dinastía búyida (buwayhid). Se alzaría como una gran potencia iraní en la región de Daylam, justo al sur del mar Caspio. Dirigidos por Ali Buyeh (Buya) y sus hermanos, los buyíes formaron rápidamente un ejército capaz que conquistó los territorios del centro y el sur de Persia, incluida la ciudad de Shiraz y el resto de la región de Fars. En 945 avanzaron hacia Juzestán e Irak.

Para entonces, el califato abasí se encontraba en una situación muy inestable, luchando al mismo tiempo en múltiples guerras extranjeras y rebeliones internas, lo que hizo relativamente fácil que los iraníes tomaran el control de Bagdad y derrocaran esencialmente al califa. Los buyíes instalaron en su lugar a un monarca títere, Moti, y arrebataron el poder político a los abasíes. Durante las décadas siguientes, los buyíes fueron una de las dinastías iraníes más poderosas, junto con los safaríes del sudeste, con los que mantenían en general relaciones neutrales.

Los buyíes eran partidarios de la rama chií del islam, destacaban la importancia de la sangre del profeta Mahoma, al tiempo que subrayaban su historia real y su ascendencia del Irán preislámico. Así, no solo contribuyeron en gran medida a la difusión de las prácticas y rituales chiíes, sino que también adoptaron de forma crucial el título de *shahanshah* -el rey de reyes- de los monarcas sasánidas.

Otra importante dinastía regional iraní que llegó a dominar los territorios persas del califato abasí fue la dinastía sasánida. Los sasánidas eran descendientes de nobles *dehqan* y procedían del extremo oriental de Irán. Con el tiempo se convertirían en los amos de la provincia de Jorasán y de la región de Transoxiana, en Asia Central. Los sasánidas fueron quizás la dinastía más exitosa de este periodo. Los califas de Bagdad les concedieron la gobernación de Transoxiana, donde se distinguieron por combatir y derrotar a las tribus nómadas turcas que habían sido una espina clavada en el costado de las comunidades islámicas formalmente bajo control abasí. A partir de entonces, los sasánidas avanzaron gradualmente hacia el oeste tras la conquista de los tahiríes por los safaríes, desafiándolos en la región de Jorasán y acabando por derrotarlos a principios del siglo X.

Los sasánidas controlaban la mayor parte de los territorios de Asia Central y permanecieron leales a los califas abasíes incluso tras la conquista de Bagdad por los buyíes. Cada vez empleaban más en sus ejércitos a los esclavos turcos capturados en lugar de utilizar el tradicional cuerpo persa *dehqan*; esta práctica se extendería rápidamente por todo Irán y Arabia.

A pesar de ello, los sasánidas también desempeñaron un gran papel en el renacimiento de la cultura persa, destacando su ascendencia persa y hablando una nueva versión de la lengua pahlevi, utilizando la escritura árabe para escribirla. Los sasánidas promovieron la traducción de importantes textos árabes al persa y también desarrollaron la literatura y el arte persas. La epopeya nacional iraní más conocida, el Shahnameh ("Libro de los reyes"), se realizó durante esta época. La dinastía sasánida fue una sucesora única de la civilización persa, ya que respetó a sus soberanos árabes y la religión islámica que había adoptado de ellos y contribuyó en gran medida a la difusión del islam y la cultura persa en Asia Central.

Aunque no abarcaremos la evolución de cada una de estas dinastías durante el Intermezzo iraní, es importante comprender que este periodo fue una etapa transitoria desde los años de dominio árabe tras el colapso de los sasánidas hasta las conquistas turcas de Persia y el resto de Oriente Próximo. Durante todo este tiempo, las dinastías islámicas iraníes mantuvieron una relación especial con los califas abasíes de Bagdad, actuando esencialmente como reinos independientes, pero respetando también a los señores árabes en diversos grados. Esta división y la incapacidad de los abasíes para mantener su control sobre Irán demostraron la dificultad subyacente de controlar Irán. Parte del problema se debía a la extrema dureza del terreno y a la falta de conectividad entre las regiones persas más remotas. Por eso se considera que el gobierno de las dinastías regionales fue una de las épocas más prósperas para Irán desde el apogeo del dominio sasánida, ya que permitió un desarrollo más cohesionado de una nueva cultura y un nuevo arte de gobernar perso-islámicos, que en última instancia se compondrían de elementos centroasiáticos, lo que dio lugar a una parte única y memorable de la historia iraní.

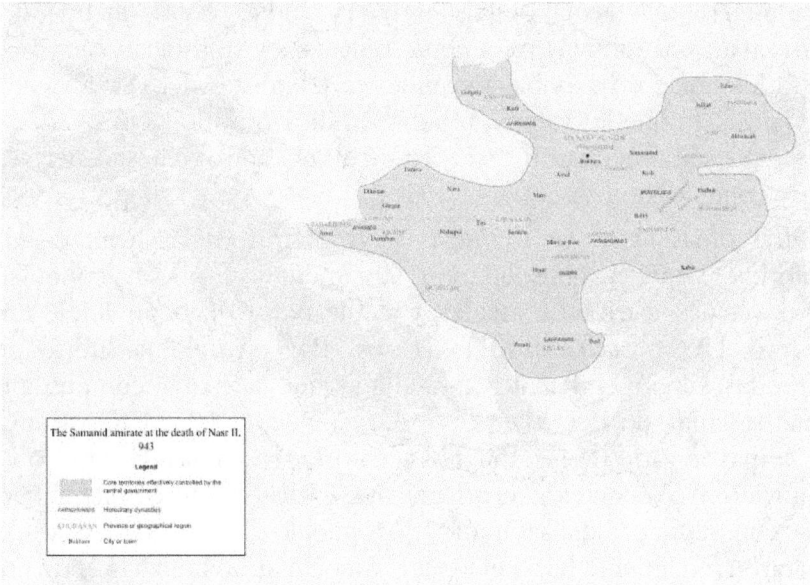

El califato sasánida a mediados del siglo X, antes de la llegada de los turcos

Ro4444, edited by me, CC BY-SA 4.0 <https://creativecommons.org/licenses/by-sa/4.0>, via Wikimedia Commons;

https://commons.wikimedia.org/wiki/File:Map_of_the_Samanid_amirate_at_the_death_of_Nasr_II,_943.svg

Irán turco

A finales del siglo X, el gobierno de la dinastía sasánida empezó a mostrar sus problemas, que radicaban principalmente en la deficiente administración de las tierras que controlaba, algo que no era exclusivo de esta parte del mundo. Además, debido al creciente uso de mercenarios y esclavos centroasiáticos en sus ejércitos, así como a la islamización de los pueblos turcos limítrofes, la dinastía sasánida acabaría enfrentándose a un gran desafío, algo que en última instancia provocó cambios masivos en el panorama político general de la región.

A mediados del siglo X, un comandante sasánida de origen turco llamado Alp-Tegin llevó a sus tropas a tomar la ciudad de Ghazni, en el actual sur de Afganistán. Ghazni estaba técnicamente bajo la soberanía sasánida, pero la falta de conexión con el centro de las tierras de la dinastía, donde se concentraba la mayor parte del poder, acabó dando lugares a la formación de un estado y una dinastía completamente nuevos e independientes del dominio sasánida. Los gaznávidas, como pasarían a la historia, durarían unos doscientos años. Durante todo este tiempo, lanzaron múltiples expediciones de incursión en las tierras limítrofes no musulmanas del actual Pakistán y la India. Estas incursiones se organizaban por motivos puramente religiosos y se dirigían cada vez más contra los núcleos de población hindúes y budistas del Punjab y el valle del Ganges, lo que les valió la reputación de saqueadores despiadados, ya que nunca se preocuparon de hacerse con el control de estas tierras, sino que se contentaron con el botín.

Otras dinastías turcas islámicas se formaron en las fronteras de los territorios iraníes y consolidarían lentamente su poder, conquistando tierras vecinas y tribus nómadas y unificándose bajo un líder, un rey-guerrero, en la mayoría de los casos. Por ejemplo, al norte de los gaznávidas surgió el kanato kara-khaní, que acabaría conquistando la capital sasánida de Bujará en 999. A mediados del siglo XI, se hicieron con la mayor parte de los antiguos territorios sasánidas de Transoxiana y mantuvieron constantes guerras con los cacicazgos turcomanos vecinos. Tras conquistar a los sasánidas, los pueblos turcos de Asia Central emigraron lentamente hacia el oeste para ocupar las antiguas tierras persas y familiarizarse con su modo de vida.

La invasión selyúcida

A principios del siglo XI surgió otra gran dinastía turcomana que cambiaría para siempre el curso de la historia iraní e islámica. Fundados por el jefe de su clan original, un hombre llamado Selyúcida, los turcos selyúcidas se separarían primero de los jázaros, que habitaban la estepa euroasiática al norte y noreste del mar Caspio y se asentaron cerca del mar de Aral. Los selyúcidas llegaron a ser conocidos como grandes guerreros, que a veces incluso ofrecían sus servicios a las jefaturas turcomanas vecinas.

Bajo el liderazgo de dos hermanos, Tughril y Chaghri, los selyúcidas iniciaron su expansión, atravesando los desiertos del actual Turkmenistán e invadiendo la región de Jorasán, donde se enfrentaron a los gaznávidas.

En 1038, los selyúcidas capturaron la ciudad de Nishapur, en el este de Irán, que sería su capital, y proclamaron un nuevo sultanato islámico independiente. Dos años más tarde, obtuvieron otra victoria contra los gaznávidas en la crucial batalla de Dandanaqan, tras la cual se apoderaron de la mayor parte de los territorios gaznávidas occidentales y prosiguieron su expansión hacia el corazón de la meseta iraní.

Los selyúcidas eran guerreros despiadados y experimentados, especialmente buenos a caballo, capaces de arrollar fácilmente cualquier resistencia que encontraran en su expansión hacia el oeste. Liderados por Tughril, subyugaron rápidamente a los señores persas antes de alcanzar y capturar Bagdad en 1055, poniendo fin a la dinastía búyida. En las décadas siguientes, los sultanes selyúcidas sucesores conquistaron aún más tierras en el oeste y en el norte, desafiando y derrotando ampliamente a los bizantinos en Armenia, Georgia y Anatolia oriental. Los selyúcidas, que creían ser los guerreros ghazi santos que luchaban en nombre del islam, se convirtieron rápidamente en la entidad política más poderosa de Oriente Próximo y redujeron en gran medida la influencia del Imperio bizantino en las regiones disputadas.

Los selyúcidas eran en su mayoría tribus nómadas dirigidas por jefes guerreros. Como solo tenían experiencia en el combate, carecían de capacidad real para gobernar y administrar las tierras que conquistaban. A la muerte de Malik Shah I en 1092, el Imperio selyúcida alcanzó su mayor extensión, ocupando las regiones de ultramar, Anatolia, el Cáucaso, Mesopotamia, Persia y Transoxiana, un vasto territorio que requería un sistema administrativo cohesionado. Así, los selyúcidas adoptaron los sistemas de gobierno de las dinastías persas que conquistaron, especialmente los sasánidas. Los gobernantes selyúcidas empleaban visires, burócratas y consejeros persas, a los que confiaban la administración del reino y se encargaban ellos mismos de los asuntos militares.

Tal vez el estadista persa más distinguido sería Nizam-al-Mulk, que ejercería de visir principal y consejero tanto de Alp Arslan como de Malik Shah y acabaría recopilando todas las prácticas y teorías de los valores del gobierno iraní en un manual administrativo llamado *Siyasatnama*. El *Siyasatnama* se convirtió en una guía para los gobernantes selyúcidas, influyéndoles con conceptos persas de gobierno hasta el colapso del sultanato en el siglo XII.

Aunque los selyúcidas eran étnicamente de origen turco, su dominio de Irán no significó el dominio de la cultura turca sobre la cultura iraní. Todos los aspectos de la vida selyúcida, quizá con excepción de la guerra, presentaban fuertes influencias sasánidas o perso-islámicas. La cultura floreció en el reino cuando el Imperio selyúcida alcanzó su mayor extensión. El arte, especialmente la poesía, se fomentó enormemente, y de la época selyúcida surgieron algunos de los poetas más famosos de Oriente Próximo de todos los tiempos, como Omar Khayyam. También se produjeron nuevos avances en el campo de la ciencia y la historia.

Sin embargo, lo más importante es que los selyúcidas son responsables del desarrollo y fortalecimiento del islam suní, que los pueblos turcos habían ido adoptando cada vez más desde finales del siglo IX. Cuando los selyúcidas llegaron a dominar Oriente Próximo, el califato fatimí de Egipto era la otra gran potencia islámica del mundo, pero era un firme promotor del islam chií, presentándose como un rival natural del sultanato selyúcida. Así pues, los selyúcidas tenían la responsabilidad de promover y defender el islam suní como la verdadera rama del islam, algo que los turcos lograron extremadamente bien. En concreto, fomentaron la creación y difusión de las madrasas, que fueron las primeras instituciones educativas que enseñaban a los estudiantes los principios del islam suní y sus leyes. Las madrasas se irían estableciendo poco a poco por todos los territorios selyúcidas y mantuvieron su estatus educativo especial durante muchos siglos.

La erudición islámica se fomentó hasta tal punto que acabó dando lugar a la aparición del sufismo, una forma nueva y única del islam suní que ponía mayor énfasis en una práctica más personal y emocional de la religión. El sufismo combinó los elementos del misticismo ritualista y el modo de vida ascético musulmán más tradicional para producir una versión convincente del islam suní que se extendió rápidamente por todo el Imperio selyúcida. Incluso se institucionalizó a mediados del siglo XII y demostró aún más que la época selyúcida se caracterizó por el florecimiento de la cultura perso-islámica, a pesar de estar bajo la soberanía de gobernantes turcos.

Los mongoles y los timúridas

A pesar de los grandes logros del Imperio selyúcida, no consiguió durar mucho tiempo. A mediados del siglo XII, tras la muerte de algunos de los sultanes más poderosos e influyentes, empezó a entrar en un periodo de rápido declive. Tras el asesinato de Nizam al-Mulk en 1092, los príncipes selyúcidas empezaron a disputarse el trono. Cuando no pareció surgir un claro favorito, los príncipes decidieron abandonar el sultanato centralizado y fundar sus propias dinastías en diversas partes del reino. Esto supuso el fin del sultanato, pero no necesariamente el resurgimiento de dinastías iraníes en los territorios persas.

A principios del siglo XIII, Irán estaba expuesto a la incipiente amenaza mongola, un nuevo imperio guerrero procedente de las estepas asiáticas que había arrollado a la oposición y conquistado todas las tribus y reinos limítrofes. Liderados por el legendario Gengis Kan, los mongoles llegaron al este de Irán en 1219, diezmaron a los gobernantes locales y arrasaron gran parte de Jorasán. Los mongoles destruyeron ciudades como Nishapur y Balj. A diferencia de los turcos, que habían invadido y conquistado Irán un par de siglos antes, los mongoles no eran musulmanes y sus invasiones no fueron guerras religiosas. En cambio, las tribus mongolas, unidas por Gengis Kan, se habían forjado en la guerra y se convirtieron en la máquina bélica más peligrosa de su época, derrotando fácilmente a cualquiera en su camino de conquista.

Las invasiones mongolas cesaron brevemente en 1223, pero continuaron en 1255 bajo Hulagu Khan, nieto de Gengis. En el periodo comprendido entre 1255 y 1260, los ejércitos mongoles, más poderosos y experimentados que todo lo que podía reunir el desunificado reino islámico, consiguieron saquear todo Oriente Próximo, arrasando no solo Irán, sino también Mesopotamia, Siria, Armenia y el Cáucaso. En 1258, los mongoles capturaron y saquearon Bagdad, matando al califa abasí, que, a pesar de todos los años de agitación, seguía conservando su estatus simbólico, aunque no ostentara ningún poder político real sobre sus "súbditos". Durante los trescientos años siguientes, los mongoles serían los amos de Irán.

Es importante entender que las conquistas de los mongoles serían divididas por los sucesores de Gengis a su muerte; el imperio era demasiado vasto para ser gobernado eficazmente por un solo líder. Así pues, Hulagu Khan estableció su propio estado mongol en Asia occidental, controlando las regiones iraníes, el norte de Mesopotamia, el este de Anatolia y el sur del Cáucaso. Su reino se conocería como el Ilkanato, y se convirtió en un poderoso estado junto a la Horda de Oro, otro estado mongol, que poseía territorios desde el norte del mar Caspio hasta Rusia.

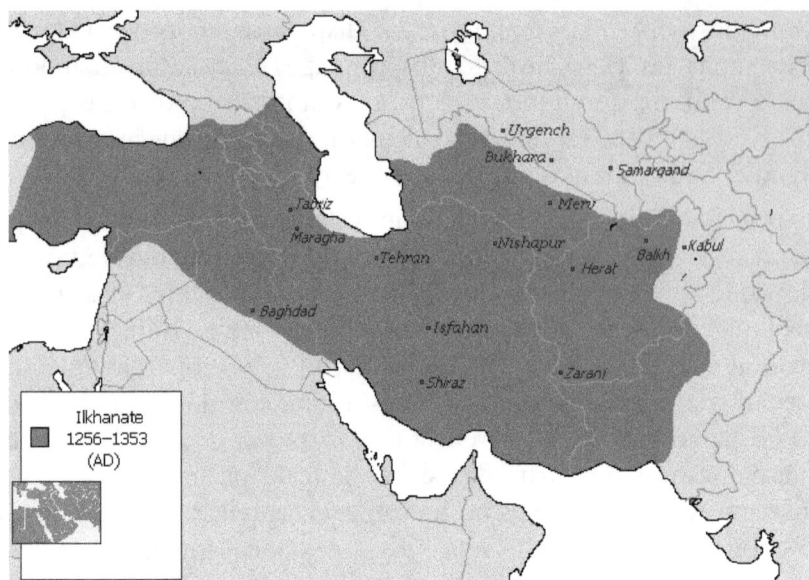

El Ilkanato de 1256 a 1353

Un acontecimiento crucial en la historia del Ilkanato sería su conversión al islam bajo Ghazan Khan, que gobernó de 1295 a 1304. Ghazan Khan era un gobernante mongol poco común, ya que se preocupaba bastante por la cultura de su reino y su pueblo. Tal vez influido por su visir iraní, Rashid-al-Din, llevó a cabo una serie de reformas sociales y administrativas en el Ilkanato, incluida, por supuesto, su decisión de adoptar una nueva religión. Aun así, el Ilkanato tendría una vida relativamente corta, ya que en 1335 se desintegró en pequeños cacicazgos beligerantes bajo el mando de diferentes generales mongoles.

La segunda mitad del siglo XIV fue testigo en Irán de la llegada de otro conquistador centroasiático que, al más puro estilo mongol, consiguió subyugar todo Irán y el resto de Oriente Próximo a finales de siglo. Irán recibió por primera vez la ira de Tamerlán (Timur Lang) hacia el año 1380, después de que el legendario conquistador de ascendencia mongola, quizá incluso emparentado con el propio Gengis Kan, hubiera consolidado ya su poder en Asia Central. En esencia, Tamerlán repitió la senda de conquista de sus antepasados, pero además consiguió mucho más.

Persia estaba fragmentada a la llegada de Tamerlán, ya que había sido dividida por las dinastías sucesoras del Ilkanato, lo que facilitó aún más a Tamerlán apoderarse de las tierras iraníes. Todo Irán, Mesopotamia y la mayor parte de Anatolia cayeron en manos del jefe de guerra, que también invadió las tierras de la Horda de Oro en el norte y las posesiones egipcias mamelucas en Tierra Santa. Incluso se aventuró en la India. En el lapso de medio siglo, Tamerlán se convirtió en el hombre más poderoso y temido del mundo, y su imperio alcanzó un tamaño inmenso.

Irán volvería a unirse bajo la dinastía timúrida. Aunque el yugo mongol fue difícil, el pueblo iraní se adaptó rápidamente a sus nuevos soberanos. Tras la invasión propiamente dicha, la situación se tranquilizó y se hizo más estable. Durante esta relativa paz, garantizada por la fuerza de los mongoles y los timúridas, la cultura iraní volvió a prosperar. Por ejemplo, bajo la soberanía mongola, Irán conoció a su poeta lírico más legendario, Hafez, tan famoso que se dice que conoció al mismísimo Tamerlán, que disfrutaba con sus obras. También se produjeron avances en el estudio de la historia y la geografía.

A pesar de ello, Irán nunca tuvo la perspectiva de emerger como Estado-nación bajo el dominio mongol. Los iraníes tardarían un par de siglos en expulsar a los conquistadores de sus tierras y reclamarlas como propias.

Capítulo 6 – Los safávidas

De una orden a una dinastía jeque Safi al-Din

Después de Tamerlán, las tierras timúridas se dividieron en varias dinastías entre sus sucesores, aunque siguieron siendo potencias regionales y conservaron el control sobre los territorios conquistados. Con el tiempo, surgió en estas tierras una dinastía islámica iraní, que pasó de ser una orden religiosa a un Estado-nación iraní soberano, un Estado-nación que, tras varias etapas de desarrollo, se convertiría en la moderna República Islámica de Irán. Durante un periodo de casi tres siglos, la dinastía safávida, que se estableció tras décadas de luchas y maniobras políticas en la época del control timúrida de Irán, se alzó hasta formar uno de los estados iraníes más poderosos desde la conquista árabe del siglo VII.

Sin embargo, una dinastía poderosa es solo la segunda mitad de la historia safávida. Antes de convertirse en una familia real de pleno derecho que gobernara sobre millones de personas, hubo que fundar la orden safávida. La creó un creyente sufí llamado jeque Safi al-Din en la provincia de Gilan, en el suroeste del Caspio, en el siglo XIII. En 1301, ya había trasladado la orden religiosa al noroeste, a la ciudad de Ardabil. Él y sus seguidores ayudaron a los ciudadanos de la ciudad y organizaron la janqa, un centro espiritual sufí donde daban cobijo a los pobres y les proporcionaban alimentos. Con el tiempo, la janqa de Ardabil se convirtió en un lugar destacado para los peregrinos sufíes e incluso obtuvo el reconocimiento del propio Tamerlán, bajo cuyo mandato los safávidas obtuvieron más privilegios, como la capacidad de recaudar impuestos.

La orden safávida se desarrolló durante más de cien años hasta que su cuarto líder y descendiente de Safi al-Din, el jeque Jonayd (Junayd), empezó a militarizar cada vez más la orden, reclutando a muchos seguidores como ghazis y lanzando ataques contra los territorios fronterizos no musulmanes, especialmente en el Cáucaso. Para entonces, las antiguas conquistas timúridas en Oriente Próximo se habían repartido entre las dos monarquías principales: Qara Qoyunlu (oveja negra), que controlaba los territorios del noroeste de Irán, Irak, Azerbaiyán y el sur del Cáucaso, y Aq Qoyunlu (oveja blanca), que gobernaba principalmente el este de Anatolia.

Tras ganar mucha influencia en la región, el gobernante de Qara Qoyunlu, Jahan Shah, empezó a sospechar de los safávidas y obligó a Jonayd a abandonar el reino. El líder safávida emigró a las tierras de Aq Qoyunlu, buscando el refugio de un poderoso monarca de las ovejas blancas llamado Uzun Hasan. Se ganó el respeto de Uzun Hasan e incluso se casó con su hermana antes de intentar regresar a Ardabil en 1459. Sin embargo, esta osada maniobra acabaría con su vida.

El joven hijo del jeque Jonayd, Haydar, permanecería bajo la protección de Uzun Hasan antes de alcanzar la mayoría de edad y acabar casándose con una de las hijas de Hasan. Después de crecer, Haydar sucedió a su padre como líder de la orden safávida y continuó los esfuerzos iniciados por su padre, que finalmente dieron lugar a que los safávidas se convirtieran en un movimiento político de pleno derecho. Bajo el liderazgo de Haydar, la orden safávida inventaría y empezaría a utilizar los icónicos sombreros rojos de doce pliegues, símbolo del apoyo de la orden a lo que se conoce como la rama twelver del islam chií, que hace hincapié en los doce imanes divinos, sucesores espirituales del profeta Mahoma. Este atuendo distintivo destacaría entre los seguidores tribales turcos de la orden safávida, lo que les valió el apodo de Qizilbash ("cabeza roja"). Con el tiempo, los qizilbash se convirtieron en los más fervientes partidarios de los safávidas y constituyeron una gran parte de sus ejércitos.

En cuanto a Haydar, el jeque safávida, intentó vengar a su padre, muerto en una emboscada de las fuerzas de Aq Qoyunlu, lanzando una expedición militar en la provincia de Shirvan, en el Cáucaso oriental, actual Azerbaiyán. Sin embargo, a pesar de conseguir asaltar y saquear las tierras de Shirvan, Haydar se enfrentaría al príncipe Yaqub (Ya'qub) de las ovejas blancas, que derrotó al líder safávida con cuatro mil hombres en 1488.

El hijo mayor del jeque Haydar sería capturado y asesinado en 1494 por la élite Aq Qoyunlu, quizá temerosa de que una orden safávida fuerte supusiera una amenaza para la unidad del reino, especialmente desde que este se había sumido en la confusión tras el fallecimiento del príncipe Yaqub en 1490. Los otros dos hijos de Haydar se vieron obligados a exiliarse y huyeron a la provincia de Gilan, donde crecieron bajo la protección de leales chiíes. El menor de los hijos de Haydar, el príncipe Ismail, asumiría el liderazgo de la orden.

Bajo Ismail, la orden safávida vería su resurgimiento entre la población chií, algo que probablemente fue resultado de una amplia propaganda. Ismail ya no era considerado solo un imam sufí (un líder religioso musulmán) por sus seguidores religiosos o como un jefe de guerra por sus *ghazi*. En lugar de eso, Ismail atrajo a nuevos seguidores afirmando que era descendiente del profeta Mahoma a través del imam Musa al-Kazem, así como declarándose el prometido "imam oculto", una figura mesiánica del twelverismo de la que se dice que aparecerá en una época de agitación y restaurará la paz y la justicia en el mundo islámico. Esto elevó a Ismail a otro nivel, y la gran mayoría de sus seguidores de la tribu Qizilbash creyeron en esta idea y casi lo adoraron como a una deidad divina.

Por supuesto, los historiadores han identificado que este curioso desarrollo no pudo ocurrir fácilmente, especialmente debido al hecho de que cuando Ismail emergió como el nuevo líder de los Qizilbash y comenzó su viaje para reclamar los territorios safávidas perdidos en 1499, solo tenía doce años. La mayoría de los eruditos piensan que esta narrativa de que Ismail era el imam oculto fue una idea cuidadosamente propagada por la élite chií de Gilán y los discípulos safávidas más experimentados, quizá para atraer a más seguidores y recuperar el poder.

Retrato del sah Ismail I
https://commons.wikimedia.org/wiki/File:Shah_Ismail_I.jpg

Sin embargo, el jeque Ismail consiguió ganar convenientemente mucha tracción cuando el mundo chií aparentemente más lo necesitaba. Su astronómico ascenso al poder coincidió con la desintegración de Aq Qoyunlu en múltiples dinastías rivales en distintas partes de Oriente Próximo, incluida la provincia de Gilan, gobernada por la dinastía Kar-Kiya. En 1500, con unos siete mil soldados qizilbash procedentes de la región oriental anatolia de Erzincan, Ismail estaba listo para recuperar Ardabil y vengar a su padre y a su abuelo. Supuestamente, la fuerza de Ismail, mucho más pequeña, fue capaz de aplastar al ejército de Shirvanshah Farrukh Yasar y posteriormente conquistó todo Shirvan en los años siguientes, tomando Bakú y Tabriz en 1503. Durante los diez años siguientes, Ismail, que asumió el título tradicionalmente persa de sah, arrasó la mayor parte del resto de las provincias iraníes, tomando Fars, Hamadán y Gorgan. En 1508 había reunificado gran parte de Irán. Ismail también impuso la soberanía safávida sobre sus súbditos del Cáucaso, Juzestán y Kurdistán, haciéndose con el control de ciudades clave como Tiflis y Bagdad.

Los impresionantes esfuerzos militares del sah Ismail le granjearon una ilustre reputación en el mundo musulmán. Tras años de expansión, el gobernante safávida se enfrentó a dos de los futuros enemigos del reino: el Imperio otomano en el oeste y los kanatos uzbekos en el este. Ambos eran estados suníes, lo que los convertía en rivales naturales de los safávidas. De hecho, Ismail hizo campaña en el este y derrotó a los ejércitos invasores uzbekos en Jorasán en la batalla de Merv, matando a su líder, Muhammad Shaybani Khan, y enviando su cabeza cortada al sultán otomano como regalo. Con el tiempo, la rivalidad entre safávidas y otomanos resultó muy costosa para ambas partes, y los dos imperios se enzarzaron constantemente en algún tipo de actividad militar.

A pesar de que Ismail continuó burlándose e insultando a los otomanos suníes una y otra vez, la primera vez que ambos bandos se enfrentarían en batalla no acabaría bien para los safávidas. Tras el ascenso de Selim el Sombrío al trono otomano, el nuevo gobernante se dio cuenta del peligro que representaba el Imperio safávida y sus partidarios y adherentes en Anatolia. Reprimió a decenas de miles de qizilbash chiíes en la Anatolia otomana y los obligó a emigrar hacia el este. El sah Ismail se vio obligado a actuar como defensor de facto de todos los chiíes del mundo musulmán y reunió a unos cuarenta mil hombres. Marcharon hacia el oeste, a tierras otomanas.

Los otomanos y los safávidas se enfrentaron en el oeste de Turquía en la batalla de Chaldiran, en agosto de 1514. Confiando plenamente en sus jinetes qizilbash para arrollar al enemigo, Ismail se vio decepcionado, ya que los otomanos formaron una posición defensiva para evitar las cargas de caballería del enemigo, utilizando su superioridad tecnológica y derribando sin piedad a los safávidas con cañones y mosquetes. Los otomanos también superaban en número a los safávidas, algo que inclinó aún más la marea de la batalla a su favor. Finalmente, el poder de la pólvora otomana obligó al ejército safávida, más tradicional, a retirarse, e Ismail resultó herido y se vio obligado a huir de la batalla.

Fue la primera gran derrota del sah Ismail y supuso una conmoción para el monarca safávida. Chaldiran también tuvo una enorme importancia simbólica, ya que los otomanos pudieron demostrar su superioridad militar sobre sus rivales y triunfaron en nombre del islam suní sobre el islam chií. Al final, los safávidas se vieron obligados a abandonar algunas de sus tierras más occidentales, incluida Tabriz, que fue ocupada brevemente por Selim el Sombrío. Sin embargo, el sultán otomano decidió no proseguir su campaña contra los safávidas después de 1515.

Un soldado Qizilbash típico en la Persia safávida temprana
https://commons.wikimedia.org/wiki/File:QIZILBASH.jpg

El chiismo safávida y Tahmasp I

La derrota en Chaldiran tuvo un efecto desastroso en el estado safávida y especialmente en el propio sah Ismail, que nunca más se atrevió a dirigir sus ejércitos en batalla. Fue como si el sah hubiera perdido la voluntad de asumir responsabilidades. Hasta su muerte en 1524, se aisló de todas las actividades del Estado y bebió en exceso. En cuanto al reino, surgieron nuevas fronteras de influencia safávida, con los turcos adquiriendo mayor protagonismo en Anatolia oriental y Mesopotamia. Los uzbekos también tomaron represalias en el este y desafiaron a los safávidas por la provincia de Jorasán, región históricamente persa que siempre estuvo a las puertas de los ataques centroasiáticos. En resumen, Caldirán detuvo el crecimiento del imperio, obligando a los safávidas a replantearse su estrategia y enfoque de la expansión y a establecer unas fronteras y una administración más cohesionadas en las tierras que controlaban.

Así pues, debido a diversos factores, el reino safávida quedó confinado en gran medida a aquellas tierras que históricamente estuvieron habitadas por los pueblos persas y que habían sido cuna de tantas y tan poderosas dinastías en el pasado. No es de extrañar que esto tuviera un efecto crucial en el desarrollo de la identidad safávida, que rápidamente adoptó elementos de la cultura iraní y produjo una nueva era con una dinástica única.

Obviamente, la mayor influencia de la época safávida en Irán sería el establecimiento claro y firme del islam chií twelver como religión oficial del Estado. Tras las conquistas iniciales de Ismail, la idea del extremismo chií, algo que había atraído sobre todo a los pueblos tribales qizilbash, quedó en gran medida relegada, y se promovió una versión más tradicional del islam twelver. Aun así, hay que reconocer que el proceso de difusión del islam chií fue relativamente eficaz y sin oposición, tal vez en contra de la creencia popular de que las provincias iraníes de la época, dominadas por los suníes, se resistieron a su conversión de una rama del islam a la otra.

De hecho, aunque el islam sunní era la más popular de las dos ramas en Irán en la época en que los safávidas se hicieron con el poder, muchas regiones albergaban comunidades chiíes, especialmente en el Irán occidental. La cultura popular siempre tuvo cabida para la idea chií que enfatizaba la importancia de la sangre de Mahoma, por lo que no era especialmente necesario imponerla a los suníes. Los ulemas suníes (la élite religiosa de las tierras que tenía mucha autoridad e incluso poderes judiciales) fueron sustituidos gradualmente por imanes chiíes, que asumieron las mismas responsabilidades y, en consecuencia, llevaron a más gente a convertirse en musulmanes chiíes. Sin embargo, este proceso fue gradual y se produjo en gran medida a lo largo de varias décadas.

Los enemigos políticos del Irán safávida eran en su inmensa mayoría facciones suníes. De hecho, el islam sunní era el de mayor adhesión en Asia Central y lo había sido desde la conversión de los pueblos túrquicos al islam durante el Intermezzo iraní, muchos siglos antes de que los safávidas llegaran al poder. A través de la continua dominación de Irán y del resto de Oriente Próximo por parte de distintos pueblos de Asia Central, el islam suní se hizo prominente en estas regiones. Así pues, el hecho de que los uzbekos en el este y los otomanos en el oeste (al ser de origen túrquico centroasiático) fueran los dos bastiones del sunismo no debería sorprender. Tampoco debería sorprender que la lucha contra estas naciones condujera al desarrollo de la lucha del chiísmo contra el sunismo.

Con el tiempo, la influencia de los ulemas chiíes crecería drásticamente en el Imperio safávida, dando lugar a la formación de una clase social muy definida que influyó en el reino. Los gobernantes safávidas contribuyeron al desarrollo de una sociedad clerical, que se jerarquizó. A los clérigos se les concedieron diversos privilegios y se les dotó de tierras que antes eran propiedad del Estado. Más tarde, se permitiría a los miembros de la ulama recaudar impuestos de las tierras que controlaban, lo que contribuyó aún más a su aumento de poder y a su aparición como estrato dominante en la sociedad safávida. Todo ello acabó por elevar su estatus, ya que cada vez eran más los que afirmaban tener ascendencia de uno de los doce imanes y, por tanto, se creía que tenían más legitimidad y autoridad sobre los demás.

Durante el reinado del sah Tahmasp, que sucedió a Ismail en 1524, la importancia del clero musulmán chií aumentó drásticamente en el Imperio safávida. El sah, que era un piadoso creyente en el islam, pedía a menudo consejo político a los imames, que le complacían. Desde el principio de su reinado, el joven sah tuvo que enfrentarse al problema causado por muchas tribus qizilbash, que se habían desilusionado tras la derrota del sah Ismail en Chaldiran. Habían dejado de verle como un líder espiritual invencible y trataban de socavar el poder de su sucesor. En 1533, el nuevo sah había tratado con los qizilbash tras años de campaña contra ellos. Les hizo jurar fidelidad a él y a todos los gobernantes safávidas posteriores. La derrota de Ismail en Chaldiran y la posterior decepción de sus seguidores también podría ser una de las razones del aumento de poder del clero chií.

El reinado de Tahmasp estuvo plagado de constantes amenazas de los otomanos, que en aquella época eran, sin duda, mucho más poderosos y potentes que los safávidas. Esto llevó al sah safávida a trasladar la capital del reino de Tabriz a la ciudad de Qazvin, al noreste de la actual Teherán. Luego, para desafiar indirectamente el poder otomano, invadió y sometió con éxito el Cáucaso, un territorio cristiano. Muchos caucásicos cristianos fueron obligados a convertirse al islam o deportados a Irán, donde los gobernantes safávidas los utilizaron en sus ejércitos como un nuevo cuerpo de tropas llamado *ghilman* (muy parecido a lo que fue el *devshirme* para los otomanos). En 1555, Tahmasp firmó un tratado de paz con el Imperio otomano, en el que se vio obligado a dividir la propiedad de la región del Cáucaso con los otomanos. Los safávidas también cedieron el control de la mayor parte de Mesopotamia, incluida Bagdad, pero pudieron conservar el control de Tabriz, su capital histórica.

Sah Abbas

A la muerte de Tahmasp siguieron doce años de guerra civil en el Irán safávida. El sah se había enfrentado al problema de nombrar sucesor a uno de sus hijos y, tras su muerte, surgieron como aspirantes al trono distintas facciones que apoyaban a diferentes candidatos. Tras más de una década de maniobras políticas, Abbas, el tercer hijo del sah Mohammad Jodabanda (que era el primogénito de Tahmasp y el sah "oficial" del reino durante este periodo de caos), se erigió como nuevo sah en 1588. El sah Abbas fue el gobernante safávida más influyente y gobernaría durante los siguientes cuarenta años. Condujo a la Persia safávida a su periodo de mayor éxito.

Retrato del sah Abbas I el Grande

Para consolidar su poder, el sah Abbas se embarcó en un viaje para recuperar el favor del pueblo qizilbash. Aquellos que mostraban lealtad al sah eran favorecidos por él. Encontró un lugar para los qizilbash en sus ejércitos como los shahsevan (amantes del sah), algo que contribuyó a acabar con las estrictas divisiones tribales entre los qizilbash. El ejército también mejoró mucho, ya que el sah Abbas se dio cuenta de que los safávidas estaban atrasados en tecnología y tácticas militares, que habían sido adoptadas rápidamente por los otomanos rivales. En cierto modo, el sah Abbas trató de descentralizar el ejército safávida, que antes dependía en gran medida del cuerpo de Qizilbash. Para ello, el sah empezó a reclutar cada vez más mosqueteros y cuerpos de artillería persas entrenados. También creó una unidad de caballería real completamente nueva compuesta en su totalidad por *ghilmanes*.

Estos cambios tan necesarios condujeron finalmente a un breve periodo de dominio militar safávida sobre sus enemigos, primero en el este contra los uzbekos y más tarde en el oeste contra los turcos otomanos. En 1598, los uzbekos fueron finalmente expulsados de Jorasán, y la ciudad de Herat volvió al control safávida. Se establecieron nuevas fronteras entre ambos bandos. A continuación, a partir de 1603, el sah Abbas dirigió personalmente a sus hombres en múltiples campañas contra los otomanos, haciéndoles retroceder desde gran parte de Irak hasta las fronteras de Anatolia oriental. Más tarde, los safávidas derrotarían a un enorme ejército otomano al mando del gran visir otomano Jalil Pachá, haciéndole caer en una trampa en Tabriz antes de rodearlos y lograr una victoria decisiva. En 1624, los safávidas habían recuperado Bagdad y se habían convertido en una poderosa superpotencia regional.

El sah Abbas fue para el Imperio safávida, lo que Pedro el Grande fue para Rusia o lo que el sultán Solimán el Magnífico fue para el Imperio otomano: un monarca absolutista, influyente y carismático que consiguió transformar rápidamente el panorama político de la época gracias a su brillante gobierno. Al igual que el resto de estos exitosos monarcas absolutistas, los méritos del sah Abbas no se limitaron a sus triunfos militares sobre sus enemigos. También se hicieron patentes en otros campos, como la política exterior. El sah safávida trató de mejorar las relaciones diplomáticas con posibles socios, sobre todo porque podrían serle útiles más adelante contra sus dos principales enemigos: los uzbekos y los otomanos. Envió emisarios al Imperio mogol, en el noroeste de la India, y entabló una relación amistosa con un imperio que tenía intereses estratégicos en la región. En Occidente, el sah Abbas dispersó a sus dignatarios por distintos reinos europeos con el mismo objetivo de obtener apoyo contra el Imperio Otomano .

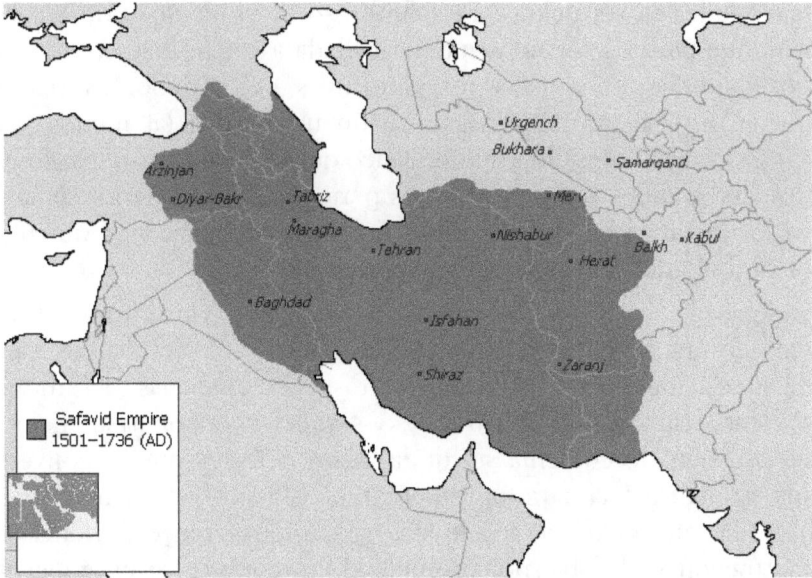

Persia safávida en su máxima extensión bajo el sah Abbas I

https://commons.wikimedia.org/wiki/File:The_maximum_extent_of_the_Safavid_Empire_under_Shah_Abbas_I.png

El reinado del sah Abbas coincidió con los inicios de la Era de la Exploración. Las potencias europeas acababan de descubrir una ruta naval segura hacia la India en torno al cabo de Buena Esperanza, en Sudáfrica, y poco a poco se dirigían hacia allí para interferir en el comercio de la región. Los portugueses, por ejemplo, habían conseguido algunos puntos de apoyo en el golfo de Ormuz en 1515, algo que alarmó al sah, que trató de expulsar a los colonizadores para recuperar la hegemonía sobre las rutas comerciales indoeuropeas. Para lograr este objetivo, el sah Abbas obtuvo ayuda de las compañías comerciales holandesa e inglesa, que planeaban perseguir intereses similares en la región. Gracias a su ayuda a cambio de privilegios comerciales, el sah pudo recuperar la isla de Ormuz de manos de los portugueses en 1622 y siguió manteniendo relaciones abiertas con los europeos durante el resto de su reinado, un factor que elevó aún más el estatus de los safávidas a sus ojos.

El reinado del sah Abbas también es recordado por el renacimiento cultural persa, indicador de un periodo próspero y pacífico. Defensor de las artes y la literatura, el sah Abbas promovió la creación de nuevas obras durante su mandato como gobernante de los safávidas. También fue el responsable de trasladar la capital de la ciudad de Qazvin a Isfahán, en el centro de la meseta iraní, un lugar favorecido por diferentes gobernantes, especialmente los selyúcidas. El asombroso crecimiento y desarrollo de Isfahán, que pasó de ser una ciudad olvidada a convertirse en uno de los centros culturales y sociales más atractivos del mundo, es realmente notable. Con una avanzada planificación urbanística (al menos para la época) y el excelente estilo arquitectónico del Irán safávida del siglo XVII, que tomaba grandes préstamos de los periodos clásicos persas, Isfahán se convirtió en una joya de la corona del Imperio safávida y quizá en el mejor símbolo del próspero reinado del sah Abbas.

Aunque el sah Abbas es responsable de haber convertido el Imperio safávida en una verdadera potencia al modernizar y ampliar su ejército, entablar relaciones diplomáticas con distintas potencias del mundo e implementar cambios administrativos y sociales para gobernar mejor a su pueblo, su reinado contenía sin duda varios defectos que se convertirían en una espina clavada para los gobernantes safávidas posteriores a él. Por ejemplo, el sah era reacio a que sus hijos adquirieran experiencia en la administración y el gobierno, prohibiéndoles convertirse en gobernantes regionales, lo que habría sido de gran ayuda, teniendo en cuenta que un día estaban llamados a ser sus sucesores. En su lugar, los confinó al harén real, que adquirió bastante influencia en la corte del sah y a menudo operaba entre bastidores, interviniendo en los asuntos de Estado. Con el tiempo, la influencia del harén tendría efectos perjudiciales en los sistemas políticos safávidas, ya que los futuros sah se encontrarían luchando entre las diferentes facciones que habían surgido en sus cortes. En este aspecto, los safávidas se parecen bastante a sus vecinos otomanos del oeste.

Algunas de las reformas administrativas aplicadas por el sah también tuvieron graves consecuencias a largo plazo para el reino. Se incrementó la burocracia estatal y se crearon varias instituciones nuevas para ayudar a gobernar mejor las tierras safávidas en diferentes ámbitos de la vida, pero la enorme inmensidad del reino safávida y la falta de conectividad entre el gobierno central y los burócratas locales convirtieron rápidamente a estos últimos en corruptos. El sah Abbas trató de centralizar su poder y, aunque lo consiguió en gran medida, un imperio muy centralizado siempre requiere un líder poderoso a la cabeza, algo que los safávidas aprenderían por las malas. Para renovar el sistema tributario, se confiscaron muchas "tierras estatales" y se convirtieron en "tierras de la corona" especiales. Aunque al principio aumentaron los ingresos de la hacienda real, en última instancia el sah asumió una responsabilidad más directa en la defensa de sus territorios. Antes de este cambio, los terratenientes locales pagaban menos impuestos, pero levantaban sus propios ejércitos para servir a las órdenes del sah.

En conjunto, el sah Abbas fue una figura decisiva en la historia de Irán, que ayudó a transformar el Imperio safávida en una potencia regional. Su ilustre reputación como hombre piadoso, valiente guerrero y gran administrador contribuyó a elevar el estatus del Irán safávida a los ojos de otras superpotencias mundiales. Por sus méritos, el sah será recordado para siempre en la historia iraní. Sin embargo, algunos de los problemas que surgieron durante su reinado también tuvieron efectos negativos para los safávidas en las décadas siguientes.

La toma del poder por los ulemas chiíes

No es difícil darse cuenta de que los safávidas empezaron a entrar en un periodo de lento declive tras la muerte del sah Abbas en 1629. Muchas razones contribuyeron a ello, todas ellas derivadas de la decreciente influencia del monarca y el creciente papel de los ulemas musulmanes en los asuntos de Estado y la política. La élite religiosa también vio mejorar su estatus durante el reinado del sah Abbas, que era una persona temerosa de Dios y respetaba enormemente la tradición islámica del Estado safávida, considerándola uno de sus principales pilares. De hecho, el sah Abbas es responsable de la financiación de la construcción de algunas de las mezquitas más asombrosas del mundo musulmán. Masjed-e Shah, o mezquita del sah (ahora llamada Majed-e Emam, o mezquita persa), es una impresionante pieza de arquitectura islámica que aún hoy deslumbra a los visitantes con sus coloridos azulejos y complejos ornamentos. El sah también visitó varios monumentos musulmanes de Irán, como el famoso santuario del imam Reza, en el noreste, para presentar personalmente sus respetos y rezar allí. No solo eso, sino que el sah Abbas, en muchas ocasiones, dotó directamente a la élite religiosa con tierras y fondos e incluso aplicó leyes especiales que aumentaban los ingresos de los ulemas.

Durante el reinado del sah Abbas, los ulemas empezaron a considerarse cada vez más poderosos e influyentes, incluso más que el gobernante. El estatus que alcanzaron era ciertamente impresionante, pero finalmente empezaron a utilizarlo para ganar más poder en una sociedad que ya les respetaba profundamente. Es importante recordar aquí que el Estado safávida se basaba en gran medida en la idea de que el líder poseía el derecho divino a gobernar; su estatus religioso era fundamental para su legitimidad. Se suponía que el sah era un representante del imam oculto, un concepto que desempeñaba un papel crucial en el islam chií. Sin embargo, con la creciente influencia del clero, el papel desempeñado por el monarca empezó a disminuir, ya que se vio muy socavado por los ulemas, que disfrutaban en exceso de sus privilegios. Poco a poco, la élite religiosa de los safávidas privaría extraoficialmente a los monarcas safávidas de su legitimidad, afirmando y reforzando la idea de que los ulemas eran los verdaderos representantes del imam oculto y que, por tanto, el pueblo debía seguirlos. Los sah debían respetarlos como a sus superiores.

La creciente influencia de los ulemas se hizo especialmente patente durante el turbulento reinado del sah Soltan Hoseyn, que ascendió al trono en 1694. Ya estaba poco familiarizado con los asuntos de Estado, pues se había criado en el harén real, por lo que resulta sorprendente que el sah se dejara influir fácilmente por poderosos actores políticos cuando asumió el poder. Tenía fama de supersticioso y carecía de una personalidad resistente, lo que le hacía propenso a doblegarse ante la élite religiosa. En particular, Mohammad-Baqer Majlesi, un erudito y jurista chií, llegaría a influir enormemente en el sah y a manipularlo con sus visiones.

Majlesi fue una de las principales figuras religiosas de la época que se esforzó por reducir la influencia del sufismo en el reino, algo irónico, ya que la ideología sufí había sido la parte principal del orden safávida original y, por tanto, un principio fundador del Estado. Bajo Majlesi, la rama chií del islam, tal y como la conocemos hoy en día, se separaría en gran medida de todas las formas de sufismo, y se reavivaría la actitud hostil entre los musulmanes chiíes y suníes. El imam chií influyó directamente en el sah, haciéndole exiliar o ejecutar a muchos no musulmanes y musulmanes que él personalmente consideraba una amenaza para el reino y su estatus.

Los problemas durante el reinado del sah Soltan Hoseyn no acabaron ahí. Ajeno a lo que ocurría en su imperio y reacio a participar en cualquier actividad política, el sah condujo a los safávidas a un periodo de agitación e inestabilidad, mientras agentes extranjeros golpeaban el reino desde todos los flancos. En el este, las fanáticas tribus suníes afganas se unieron bajo la tribu ghilzai, cuyo líder, Mir Mahmud, consiguió reunir rápidamente a sus partidarios y lanzar incursiones en los territorios persas en los primeros años de la década de 1710. Viendo que los safávidas estaban preocupados con los rusos por sus disputas en el Cáucaso y dándose cuenta de que Soltan Hoseyn no era un líder capaz, Mir Mahmud se aventuró cada vez más profundamente en los territorios safávidas, capturando Kerman en el este de Irán en 1719. Dos años más tarde, lanzó una invasión total de Irán, llegando hasta Isfahán y sitiando la capital safávida en 1722. Los otomanos también aprovecharon la oportunidad para reanudar sus escaramuzas en el oeste, debilitando aún más a los safávidas. Tras seis meses de asedio, el sah se vio obligado a abdicar, rindiéndose a los afganos y sufriendo una humillante derrota.

Los últimos safávidas y Nader Shah

La conquista afgana desconcertó por completo a los safávidas y provocó una mayor inestabilidad en el reino, que ya había sufrido una regresión considerable. La dinastía hotaki de Mir Mahmud continuó gobernando partes del sudeste y centro de Irán durante los años siguientes. Sin embargo, a pesar de haber capturado Isfahán, los ghilzai seguían siendo en gran medida una sociedad primitiva y no podían mantener el control de territorios tan desarrollados. Aunque el poder safávida se había reducido enormemente y el Estado centralizado estaba básicamente destruido, los persas podrían tomar represalias.

En 1727, los pueblos qizilbash del reino encontrarían su salvador en Tahmasp II, hijo del sah Soltan Hoseyn, que había huido a Tabriz durante el asedio de Isfahán. Tahmasp II trató de recuperar el trono perdido y concedió el mando de las tribus locales Qajar y Afshar a un hombre llamado Nader Khan, que acabaría convirtiéndose en uno de los generales más notables de la historia iraní. Nader Khan dirigió las tropas leales en Jorasán, derrotando a una fuerza Ghilzai mucho mayor en 1729 en la batalla de Damghan. A finales de noviembre, Nader había reconquistado Isfahán y conducido ceremoniosamente al sah de vuelta a la capital. Un año más tarde, se aventuró hacia el oeste, iniciando una campaña contra los otomanos, que llevaban mucho tiempo atropellando los territorios safávidas occidentales. En 1732, Nader Khan se vio obligado a abandonar su ofensiva en los territorios otomanos, para regresar al este y reconquistar la ciudad de Herat a los afganos.

A pesar de sus méritos para derrotar a los enemigos safávidas, en 1733, Nader Khan parecía haber progresado poco. Esto se debió principalmente a que Tahmasp II había decidido lanzar su propia campaña en el Cáucaso, una región muy disputada entre los safávidas, los rusos y los otomanos. Sufrió una humillante derrota que le obligó a renunciar a sus tierras. No está clara la razón por la que Tahmasp decidió invadir el Cáucaso, pero el resultado fue desastroso. Cuando Tahmasp regresó de su campaña, Nader Khan había ganado mucha influencia entre los leales a los safávidas. Ya fuera por motivos personales o por el bien del reino, Nader Khan persuadió a los miembros de la élite para que derrocaran al sah.

Así, Tahmasp II, temeroso e impotente ante su general más popular, abdicó del trono safávida en 1732 en favor de su joven hijo, el sah Abbas III. Durante los tres años siguientes, Nader Khan siguió luchando contra los otomanos y consiguió recuperar parte de las pérdidas sufridas por Tahmasp. En 1735, los safávidas firmaron el tratado de Ganyá con Rusia, que puso fin a su rivalidad en el Cáucaso Norte y Sur. El tratado definía claramente las fronteras y convertía a las dos naciones en aliadas contra el Imperio otomano.

Entonces, en 1736, los asuntos dieron un giro interesante, ya que Nader convocó una gran asamblea de notables en la llanura de Moghan, en el sur de Azerbaiyán. Muchos historiadores especulan que, por la naturaleza de la asamblea y el orden en que se sucedieron los acontecimientos, todo había sido ya planeado por Nader y sus aliados de mayor confianza. Nader Khan anunció que pensaba retirarse como comandante militar y sugirió convenientemente que la asamblea eligiera a un nuevo gobernante del Imperio safávida. Era una sugerencia lógica, ya que Abbas III solo tenía cuatro años, habiendo sido coronado siendo un bebé tras la abdicación de su padre. Abbas III estaba nominalmente a cargo del imperio, por el hecho de que Nader Khan era realmente su gobernante.

No es de extrañar que, en lugar de buscar a un nuevo hombre para convertirse en gobernante, la asamblea decidiera de todo corazón elegir a Nader como nuevo sah. Nader accedió y fue coronado como sah el 8 de marzo de 1736, ante los notables del reino y poniendo fin a la dinastía safávida.

Nader Shah pasaría a la historia como uno de los más exitosos comandantes iraníes que jamás hayan existido, y sus logros militares son ciertamente dignos de mención. Sin embargo, Nader Shah es también responsable de uno de los desarrollos culturales más convincentes de la historia iraní. Poco después de convertirse en sah, Nader aplicó una interesante política religiosa: declaró que el chiísmo dejaría de ser la religión oficial del Irán safávida. Fue una medida chocante, ya que el

Estado safávida se había construido enteramente sobre una identidad chií concreta, que lo distinguía de otras grandes potencias musulmanas, predominantemente suníes.

La razón de esta decisión podría ser doble. En primer lugar, el sah, aunque había sido educado como chií, siempre había tenido debilidad por el islam suní y no veía a los suníes como enemigos inherentes. En segundo lugar, la decisión de despojar al chiísmo de su condición de religión oficial del Estado podría haber sido estratégica, ya que permitiría al reino mostrarse más amistoso con el Imperio otomano y poner fin a siglos de enfrentamientos.

La segunda razón suena más probable si tenemos en cuenta que cierto emisario otomano estuvo presente en la asamblea que eligió a Nader como nuevo sah y pudo escuchar de primera mano la nueva propuesta de este. En definitiva, la relación entre los otomanos e Irán se estabilizó, hasta el punto de que los peregrinos iraníes pudieron viajar libremente a los lugares santos musulmanes (entonces bajo control del Imperio otomano) para practicar allí libremente su religión.

Nader Shah declaró que el chiísmo podía seguir practicándose libremente en el reino, pero que debía abandonar su actitud despectiva hacia los suníes, incluidas las prácticas ofensivas que los firmes seguidores chiíes llevaban a cabo hacia los suníes, a los que consideraban inferiores. Además, dado que la dinastía safávida estaba estrechamente asociada con el islam chií, la decisión de reducir la importancia del chiísmo sirvió también para reducir la importancia y la legitimidad de la dinastía safávida, que acababa de ser sustituida por Nader Shah, de la dinastía afshárida.

Retrato de Nader Shah

Estabilizar las relaciones con el Imperio otomano mediante el apaciguamiento y el establecimiento de una identidad religiosa similar reportó dividendos a Nader Shah, que pudo dirigir sus ejércitos desde el oeste, donde la guerra se había extinguido, hacia el este. En 1738, el sah pudo lanzar una campaña y derrotar finalmente a la dinastía afgana hotaki, capturando la ciudad de Qandahar. Tras su victoria contra los afganos, Nader Shah encontró una justificación para atacar el Imperio mogol musulmán en el oeste de la India, que era un estado debilitado pero rico. Nader Shah justificó su invasión de la India alegando que los afganos rebeldes estaban siendo ocultados por el emperador mogol, Mirza Muhammad Shah. Tras ganar varias escaramuzas a pequeña escala, Nader Shah cruzó el río Indo y se enfrentó a un enorme ejército mogol en la batalla de Karnal, en febrero de 1739. A pesar de su inferioridad numérica, Nader Shah demostró una vez más su genio militar al derrotar decisivamente a los indios y, tras su victoria, ocupó y saqueó la capital, Delhi. Esta fue posiblemente la campaña más lejana de cualquier líder iraní en el valle del Indo.

Tras capturar Delhi, Nader Shah concertó un matrimonio entre uno de sus hijos y una princesa mogola, lo que le garantizó aún más riqueza y poder. También se apoderó de todas las tierras mogoles al oeste del Indo. A finales de 1740, Nader había hecho campaña en el norte y derrotado a los uzbekos, estableciendo nuevas fronteras a lo largo del río Oxus y consolidando plenamente las fronteras orientales de Irán.

Aunque Nader Shah era un notable comandante, carecía de otras características cruciales para un gobernante de un imperio tan enorme. A lo largo de su reinado, actuó casi completamente solo, lo que le impidió administrar adecuadamente las tierras bajo su control. No ayudó el hecho de que fuera un monarca despiadado. No se abstenía de ejecutar, desollar o cegar a los sospechosos de traición, incluida su propia familia. Esto, unido a su incapacidad para crear un sistema administrativo cohesionado y más moderno que atendiera las necesidades de la población, acabó provocando su desaparición. Irán tenía una estructura anticuada. No era tan fuerte financieramente como lo había sido en el pasado, y el botín de guerra solo podía financiar los esfuerzos del sah durante un tiempo. Aunque la conquista de la India occidental y las campañas contra los uzbekos y los afganos fueron seguidas de los esfuerzos por construir una armada capaz de desafiar el creciente poder marítimo de las naciones europeas y asiáticas, algo que finalmente condujo a su conquista de Omán en 1743, no fue suficiente para mantener el imperio en funcionamiento.

La verdad es que ningún imperio puede construirse únicamente sobre la premisa de la expansión mediante la guerra, algo que Nader Shah no supo comprender o simplemente no quiso aceptar. Sus esfuerzos por reformar la religión también causaron descontento entre sus súbditos, y fue objeto de varios asesinatos fallidos durante su vida. Al final, los conspiradores, quizá motivados por la élite religiosa chií y los simpatizantes de la fe, acabaron con él. Sus generales dirigieron la carga. Nader Shah fue asesinado en 1747 mientras dormía en su tienda. Sus sucesores de la dinastía afsharí, que gobernarían partes de Persia durante otros cincuenta años, no lograron tener un impacto significativo en la historia iraní. Ninguno de ellos fue capaz de afirmar el dominio de Irán sobre sus enemigos, perdiendo múltiples guerras pequeñas y viéndose minados por problemas internos.

Capítulo 7 – El Irán moderno

Karim Jan Zand

Persia volvería a sumirse en el caos tras la muerte de Nader Shah. Varios actores nuevos surgieron en la escena política como aspirantes al trono, con el objetivo de aprovechar la oportunidad cuando se descentralizara el poder en Irán. Uno de ellos fue Karim Beg, líder de la tribu kurdo-iraquí de los zand. Los zand habían regresado a su patria histórica de la región de Zagros tras ser trasladados brevemente a Jorasán por Nader Shah. Pronto empezaron a imponer su dominio sobre las tierras vecinas. Aliándose con la tribu local de los bakhtiari, Karim Beg, que más tarde asumiría el título de Jan, pronto se convirtió en un actor dominante en Irán occidental y central, proclamando la ciudad de Shiraz como su sede de poder. También colocó a Ismail III, nieto del sah Soltan Hoseyn, como nuevo sah safávida en Isfahán en 1751. Aunque Ismail era nominalmente el nuevo sah, no era más que una marioneta de Karim Jan Zand, que era quien realmente mandaba.

Tras asumir gran parte del poder, Karim Jan Zand procedió a eliminar a su aliado y líder de la tribu bajtiarí, Ali Mardan. Se convirtió así en el único regente del joven sah en Isfahán y, en esencia, tenía total libertad sobre la política iraní. En los años siguientes, Karim Jan afirmó su dominio sobre casi todo Irán central y occidental, solo le faltaba la provincia de Jorasán, que aún permanecía fuera de su alcance. Fue gobernada por el sucesor de Nader Shah, los afsharíes.

Karim Jan continuó gobernando hasta su muerte en 1779. No tuvo oposición, al menos internamente clan qizilbash. El único rival que supuso una espina clavada en el costado de Karim Jan fueron los qajares, un clan qizilbash que habitaba en el noroeste de Persia, en la actual zona de Armenia y Azerbaiyán. Los qajares habían luchado contra Karim Jan después de que este nombrara a Ismail III nuevo sah, ya que deseaban recuperar el importante estatus que habían tenido durante la época safávida y a lo largo del reinado de Nader Shah. Karim Jan Zand consiguió suprimir a los qajaríes a principios de 1763, tomando como rehenes a los hijos del líder de la tribu para asegurarse de que los qajaríes no volverían a levantarse contra él.

Aunque la dinastía de Karim Jan duraría poco tiempo, consiguió influir en Irán de forma bastante sustancial en lo que respecta a la política exterior. Su llegada al poder coincidió con una mayor presencia de colonizadores europeos en el océano Índico, algo de lo que el gobernante de Zand se dio cuenta al principio de su reinado. Por ejemplo, en 1763 abrió la ciudad portuaria de Bushehr, en el sur de Irán, a la Compañía Británica de las Indias Orientales. Allí, los británicos organizaron su base de operaciones y se dedicaron al comercio en la región. Para monopolizar aún más el control iraní sobre los mares, Karim Jan Zand también libró una breve guerra contra los otomanos, logrando hacerse con el control de la ciudad portuaria de Basora en 1776.

Aunque Karim Jan había ascendido al poder de forma poco tradicional y astuta, fue un gobernante sorprendentemente bueno que contribuyó bastante a la estabilización del país tras el asesinato de Nader Shah. Nunca se convirtió en sah, sino que mantuvo su título de *Vakil al-Raaya* ("el regente del pueblo"). Asumió la responsabilidad del sah safávida en Isfahán y se convirtió él mismo en un noble gobernante.

El gobernante de Zand era relativamente modesto y tranquilo, y sus políticas internas fueron ciertamente útiles para la sociedad iraní, que había sido sobrecargada y privada de su religión tradicional por Nader Shah. En comparación con Nader Shah, así como con algunos de sus predecesores y los shahs que gobernaron después de él, Karim Jan podría ser recordado de forma algo positiva por la historia debido al hecho de que no se ocupó únicamente de la guerra, aunque el líder de Zand tuvo bastante éxito en la guerra.

El ascenso de la dinastía Qajar

Un hombre dominaría la historia iraní a finales del siglo XVIII: el infame Aga Mohamed Khan Qayar, que se erigió en gobernante de Irán durante el caótico periodo que siguió a la muerte de Karim Jan en 1779.

Aga (Aqa) Mohamed Khan había sido tomado como uno de los rehenes de los Qajar por Karim Jan Zand cuando sofocó la rebelión Qajar en la década de 1750. Siendo el hijo mayor del jefe tribal Qajar, Mohammad Hassan Khan Qajar, primero había sido capturado y castrado por los afsharíes tras la muerte de Nader Shah en 1747, lo que le valió el apodo de aqa, término utilizado para referirse a los eunucos y que se traduce aproximadamente como "jefe eunuco". Más tarde, Aga Mohamed Khan fue capturado por Karim Jan y llevado como rehén a Shiraz, pero el líder de los Zand lo trató muy amablemente, respetando su estatus. Tras la muerte de Karim Jan, Aga Mohamed Khan escapó de Shiraz y huyó a Teherán, donde empezó a reunir partidarios que lucharían por el ambicioso príncipe Qajar.

Convertido en el nuevo líder del clan Qajar, Aga Mohamed Khan encontró un gran apoyo en Teherán, lo que le permitió conquistar la provincia de Mazandaran, en la costa sur del mar Caspio. Aga Mohamed Khan consolidó aún más su poder atrayendo a partidarios de otros jefes tribales y lanzó incursiones en la región vecina de Gilan, mientras los príncipes Zand luchaban entre sí para afirmar su dominio tras la muerte de Karim Jan. En 1784, regresó a Mazandaran y defendió la provincia de una invasión de los Zand. Tras su victoria, capturó Isfahan y Teherán un año después. En 1786, Aga Mohamed Khan había unificado partes del centro y el norte de Irán a lo largo de los montes Elburz y se había convertido en una fuerza a tener en cuenta.

Aga Mohamed Khan Qajar
https://commons.wikimedia.org/wiki/File:MohammadKhanQajari.jpg

Aga Mohamed Khan Qajar tardó un par de años en unificar el resto de los territorios persas después de capturar Teherán. Poco a poco, fue derrotando a su principal oponente, Lotf-Ali Khan, de la dinastía Zand. Aga Mohamed derrotó a sus ejércitos en un par de ocasiones y persiguió sin piedad a sus enemigos en fuga. Shiraz y Kerman cayeron una tras otra, mientras el ejército de Zand era perseguido y brutalmente masacrado. El gobernante Qajar decapitó a sus prisioneros de guerra y ordenó construir una pirámide con sus cabezas para asegurarse de que todo el mundo supiera que se mantendría sin oposición como el único y verdadero gobernante de Irán. No solo eso, sino que tras la breve huida de Lotf-Ali Khan a la ciudad de Bam, en el norte de Kerman, Aga Mohamed Khan hizo torturar a los habitantes de la ciudad antes de que le revelaran dónde se escondía su enemigo.

En 1795, Aga Mohamed Khan había eliminado a Lotf-Ali Khan y puesto fin a la dinastía Zand. Después, hizo campaña en Georgia, exigiendo que el rey Heraclio II le jurara fidelidad, arrollando completamente el país y llevando a las tierras georgianas niveles de destrucción nunca vistos. Tras la conquista de Georgia, Aga Mohamed Khan fue coronado rey de Irán en marzo de 1796. A continuación, emprendió otra campaña militar, esta vez hacia el este, para capturar la región de Jorasán, que aún estaba en manos de los sucesores afsharíes de Nader Shah. Aga Mohamed Khan torturó al último gobernante afsharí, Shahrokh, y unificó casi todo Irán con las mismas fronteras que bajo Nader Shah. Fue uno de los reyes que más éxito tuvo en conseguir esta hazaña.

Sin embargo, al igual que Nader Shah, Aga Mohamed Khan encontró la muerte a través de sus propios sirvientes, que asesinaron al brutal gobernante iraní mientras dormía. Porque había prometido ejecutarlos después de que irritaran al sah. Y así, sin más, en una tranquila noche de verano de 1797, había sido asesinado uno de los monarcas más despiadados y exitosos de Irán. Como ya había designado heredero a su sobrino, Fath-Ali Khan, evitando el colapso total del país. La dinastía Qajar persistió a través de Fath-Ali Khan, aunque el nuevo sah experimentó una serie de problemas que asolarían su reinado.

Irán y la Europa imperialista

Aunque Aga Mohamed Khan había elegido un heredero en vida y había evitado así una grave crisis sucesoria que probablemente habría estallado en el reino tras su muerte, el nuevo sah no contaba precisamente con todo el apoyo del mundo por parte de sus súbditos. Fath-Ali Shah no estuvo completamente libre de oposición, ya que pretendientes de antiguas dinastías gobernantes intentaron alzarse contra él, como el hermano de Aga Mohamed Khan, Ali-Qoli Khan. También había un jefe de guerra kurdo llamado Sadeq Khan, líder de la tribu Shaqaqi (Shekak), que intentó sitiar Teherán con un pequeño ejército. Sin embargo, todos estos pretendientes fueron rápidamente eliminados en 1803, gracias a la fuerza mucho mayor del sah.

Fath-Ali no demostró ser un comandante o gobernante tan capaz como su difunto tío. Para empezar, una de las primeras decisiones del nuevo sah fue destituir a Hajji Ebrahim Shirazi, kalantar o gobernador de Shiraz y gran visir. Durante el reinado de Aga Mohamed Khan, Hajji Ebrahim desempeñó un papel decisivo, ocupándose de la mayoría de los problemas administrativos del reino y convirtiéndose en uno de los principales consejeros del sah. Coronó a Aga Mohamed Khan en 1796 y más tarde apoyó a Fath-Ali Shah al principio de su reinado. Aun así, el kalantar fue destituido de su cargo en 1801, después de que Fath-Ali Shah hubiera garantizado básicamente la seguridad de Irán frente a las amenazas internas. Hajji Ebrahim acabó siendo torturado y ejecutado, probablemente por ser una figura tan poderosa.

La decisión de apartar de la corte a un político tan experimentado y curtido resultó costosa a la larga para Fath-Ali Shah, ya que la mayor parte del tiempo que pasó como sah se dedicó a todo menos a administrar adecuadamente. Celebraba excesivas ceremonias y se obsesionaba con el arte. Utilizó su autoridad al máximo y derrochó el tesoro real. Esto resultó costoso para el sah, cuyo reinado se veía desafiado por los intereses europeos en Oriente Próximo, que veían en el anticuado Irán una nación débil en todos los aspectos y trataban de explotar sus debilidades.

A principios del siglo XIX, Europa se vio inmersa en las Guerras Napoleónicas, pero las guerras entre la Francia de Napoleón Bonaparte y el resto de las potencias europeas no se limitaron únicamente a la Europa continental. Por el contrario, las luchas directas e indirectas tuvieron lugar en todo el mundo, incluido Irán, donde acudieron embajadores de ambos bandos del conflicto. Lo que complicó estas misiones diplomáticas europeas fue la guerra en curso entre Persia y Rusia, que comenzó por los territorios caucásicos en disputa en 1804. Como Rusia también estaba en guerra con Francia en Europa, los franceses enviaron a Teherán una misión diplomática bajo el mando de Claude Matthieu de Gardanne con la esperanza de aumentar el apoyo persa contra los rusos en el frente caucásico a principios de 1807. Sin embargo, en mayo, franceses y rusos firmaron el Tratado de Tilsit, poniendo fin a su conflicto y haciendo inútiles las negociaciones con Irán. También abrió nuevas oportunidades a otras potencias europeas.

Gran Bretaña estaba especialmente interesada en la política exterior persa, ya que la Compañía Británica de las Indias Orientales había llegado a dominar el subcontinente indio gracias a sus crecientes esfuerzos en las últimas décadas. Los británicos querían sobre todo el apoyo iraní en Afganistán y también pretendían asegurarse acuerdos comerciales favorables para dominar el barato mercado persa. En 1809, ambas partes concluyeron un tratado, según el cual Gran Bretaña prometía a Persia ayuda contra Rusia en el Cáucaso a cambio de sus demandas. Pero en 1812, el tratado quedó anulado cuando Rusia y Gran Bretaña entraron en una nueva alianza contra Napoleón en Europa. Todas estas maniobras diplomáticas se sucedieron mientras las fuerzas persas eran dominadas por las rusas en el frente, lo que finalmente desembocó en el Tratado de Gulistan en 1813. Fath-Ali Shah se vio obligado a aceptar su derrota en la guerra. Irán cedió a los rusos el control de lo que hoy es Armenia, Azerbaiyán y Georgia, lo que supuso una humillación, ya que habían estado luchando durante casi una década. Además, Rusia obligó a Irán a renunciar a su presencia naval en el mar Caspio, lo que debilitó aún más las aspiraciones persas en la región.

A este tratado siguió otro acuerdo en 1814, esta vez entre Persia y Gran Bretaña. El nuevo tratado obligaba a los británicos a acudir en ayuda de Persia si esta era atacada por otra potencia europea y afirmaba que Persia debía, a su vez, prestar apoyo en Afganistán si los británicos decidían atacar. Este punto no iba en ambos sentidos, ya que los británicos conservaban el derecho a declararse neutrales si Persia y el Emirato Afgano entraban en guerra. No solo eso, sino que Persia también tenía que intervenir contra cualquier fuerza que quisiera llegar a la India británica a través de sus territorios. A cambio, Gran Bretaña proporcionó comandantes para entrenar a los antiguos contingentes militares iraníes.

Aun así, era evidente que Persia estaba siendo explotada activamente por potencias más fuertes, algo que enfurecía a la población local y afectaba negativamente al sah. En 1826, Abbas Mirza, el príncipe heredero, lanzó un ataque contra Rusia de forma un tanto independiente. Lo que "oficialmente" impulsó a Abbas Mirza a reavivar la guerra contra los rusos fue el aumento del descontento y la inmigración de súbditos musulmanes a las regiones controladas por Irán desde los territorios caucásicos perdidos, que estaban siendo convertidos a la fuerza al cristianismo por la Rusia ortodoxa. El zar Alejandro I también había decidido trasladar sus fuerzas a los territorios armenios, que seguían bajo control iraní. El príncipe heredero persa tenía el deseo insatisfecho de distinguirse de sus hermanos, ya que no había logrado ningún avance en la anterior guerra contra Rusia y se sentía humillado tras la derrota.

En esta ocasión, una invasión inesperada en junio de 1826 vio cómo los persas hacían progresos iniciales, pero el poderío del ejército ruso resultó demasiado difícil de superar. Las fuerzas del zar pronto lanzaron una contraofensiva, haciendo retroceder a Abbas Mirza. Mientras tanto, Fath-Ali Shah se mostraba reacio a prestar ayuda al príncipe heredero. En el Tratado de Turkmenchay, que ambas partes firmarían en febrero de 1828, Persia se vio obligada a pagar indemnizaciones de guerra de hasta veinte millones de rublos, una cantidad que suponía una carga añadida para el país, que ya se encontraba en una situación financiera bastante mala.

Tras el final de la guerra, Rusia se fue involucrando cada vez más en la política interior de Irán, lo que acabó desembocando en uno de los episodios más tristemente célebres y que tal vez fue el primero que desencadenó el descontento y la desconfianza de los iraníes hacia las potencias extranjeras que se inmiscuían en los asuntos internos del país. El episodio se produjo tras la llegada a Teherán, en febrero de 1829, del nuevo embajador ruso, Alexander Griboyedov, famoso por su antipatía hacia los pueblos de Oriente Medio y Asia. Griboyedov fue recibido por el sah y su corte, pero se encontró con multitudes persas que protestaron por su llegada ante la embajada rusa en Teherán. Lo que desencadenó la escalada de estas actitudes hostiles fue un incidente en el que se vieron implicadas dos mujeres armenias huidas y un eunuco del harén de Fath-Ali Shah, que, por alguna razón, habían buscado refugio en la embajada.

El sah exigió que se los entregaran. La petición fue denegada por Griboyedov. Según uno de los términos del Tratado de Turkmenchay, los súbditos georgianos y armenios de Persia tenían derecho a regresar a su patria, y el embajador ruso iba a llevárselos consigo. Esto provocó que la muchedumbre que se encontraba fuera de la embajada, que ya estaba llena de sentimientos antirrusos, irrumpiera en la embajada y arrollara al personal ruso, matando a todos, incluido Griboyedov. Su cuerpo fue arrojado por la ventana y mutilado por la multitud.

A pesar de tan extrema violación y mal trato a los diplomáticos, que fue motivo suficiente para que Rusia entrara de nuevo en guerra con Persia, el zar se vio obligado a aceptar a regañadientes las disculpas de Fath-Ali Shah, puesto que ya estaba inmerso en un conflicto con los otomanos y no podía arriesgarse a abrir otro frente. Aun así, el asesinato de Griboyedov y el resto de la delegación rusa sería uno de los primeros casos de manifestación violenta de los sentimientos iraníes contra los extranjeros.

Durante el resto del siglo, Gran Bretaña y Rusia siguieron interfiriendo en los asuntos internos persas, influyendo en el país en varias ocasiones diferentes. Por ejemplo, entre 1833 y 1834, tras el fallecimiento tanto del príncipe heredero (Abbas Mirza) como de Fath-Ali Shah, británicos y rusos interfirieron, asegurándose de que Persia no cayera de nuevo en una guerra de sucesión dinástica. Apoyaron al hijo de Abbas Mirza, Muhammad Mirza, que se convirtió en sah frente a su tío, que también había sido uno de los contendientes.

A los europeos les resultó mucho más difícil manipular a Muhammad Shah, que, en cambio, dependía mucho de su gran visir, Haji Mirza Aqasi. El nuevo sah Qajar emprendió una campaña militar contra Herat, sitiando la ciudad con unos cuarenta mil hombres en 1837. Los británicos eran conscientes de la situación y consideraban la expansión persa en Herat una amenaza para sus intereses en la región. Enviaron a uno de sus oficiales para organizar la defensa de la ciudad, al tiempo que aconsejaban al sah que no procediera al asalto de la ciudad. Cuando Muhammad Shah no dio marcha atrás, los británicos ocuparon la isla de Kharg, en el golfo Pérsico, y amenazaron con lanzar una invasión de Irán, lo que finalmente hizo que el sah desistiera de su ofensiva y se retirara.

Los europeos también desempeñaron un papel destacado en los años siguientes, ayudando a mediar en los conflictos entre Persia y el Imperio otomano. Tras años de negociaciones, ambas partes acordaron el Tratado de Erzurum en 1847, que resolvía las disputas fronterizas entre las dos potencias musulmanas.

Con todo, la creciente implicación de Rusia y Gran Bretaña en los asuntos persas asfixiaba al país, y los monarcas Qajar tenían menos margen de maniobra para eludir la presión política ejercida por los europeos. La verdad era que Irán se estaba convirtiendo poco a poco en víctima del imperialismo colonial europeo, ya que británicos y rusos deseaban explotar el relativo "atraso" de Persia en su propio beneficio.

Persia estaba menos industrializada y, por tanto, dependía más de la exportación de materias primas que de la producción o fabricación nacional. Esto la convirtió en un blanco fácil para las potencias tecnológicamente más avanzadas, que no tardaron en sacar provecho de las debilidades de Irán y dieron lugar a uno de los periodos más ambiguos de la historia iraní.

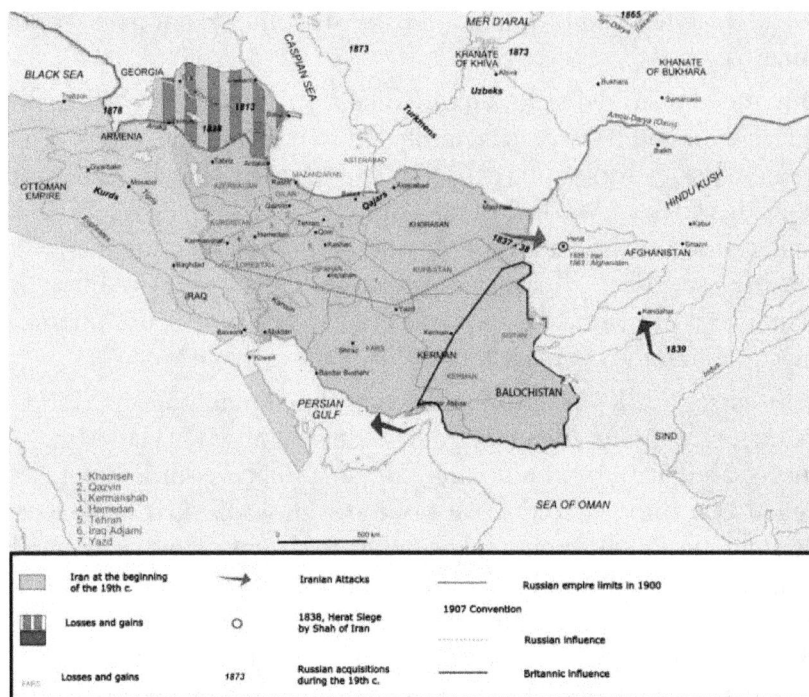

Mapa de Irán Qajar

Fabienkhan, CC BY-SA 2.5 <https://creativecommons.org/licenses/by-sa/2.5>, vía Wikimedia Commons; https://commons.wikimedia.org/wiki/File:Map_Iran_1900-en.png

Las reformas de Amir Kabir

Naser al-Din Shah se convertiría en el nuevo monarca de Persia tras la muerte de Muhammad Shah en septiembre de 1848. La ascensión de este ambicioso joven de dieciséis años marca el inicio de los primeros intentos de reforma en la Persia de Qajar. Antes de Naser al-Din, Persia, al igual que su vecino musulmán, el Imperio otomano, estaba bastante anticuada para los estándares europeos. Los niveles de educación eran bajos y los miembros de la sociedad disfrutaban de libertades limitadas que solo eran compatibles con las leyes chiíes. Carecía de un núcleo industrial fuerte y su ejército, aunque tradicionalmente fuerte y numeroso, no estaba modernizado.

Se habían tomado algunas medidas para resolver algunos de estos problemas, pero sólo habían funcionado parcialmente. Bajo Abbas Mirza, por ejemplo, los persas habían importado oficiales británicos para entrenar al ejército y habían aumentado su financiación, pero al final, debido a la falta de tecnología suficiente, serían aplastados por los rusos, que, ni mucho menos, poseían ellos mismos un ejército altamente disciplinado. En cuanto a la educación, se habían hecho esfuerzos por enviar a varios estudiantes al extranjero para que recibieran educación en Gran Bretaña y Francia, lo que tuvo un efecto más positivo. Mirza Saleh, antiguo alumno de Oxford, fundó el primer periódico iraní en 1837 y contribuyó en gran medida a la difusión de los conocimientos generales que había adquirido durante su estancia en Europa.

Sin embargo, bajo Naser al-Din Shah, la reforma de Persia despegó realmente. El sah depositó toda su confianza en su mentor y gran visir, Mirza Taghi Khan, que había asumido el papel de regente y es conocido como Amir Kabir. Amir Kabir ya había demostrado su valía como figura política, habiendo ascendido a las filas gubernamentales tras participar en algunos de los acontecimientos más importantes del país. Por ejemplo, había formado parte de una delegación que visitó al zar Nicolás I en San Petersburgo para disculparse formalmente por el asesinato de los diplomáticos rusos en 1829. En Rusia, Amir Kabir se familiarizó con el estilo ruso más moderno de gobierno y administración, sociedad, industria y vida cultural. Amir Kabir también participó en la redacción del Tratado de Erzurum con el Imperio otomano. En conjunto, había desarrollado una visión más moderna para el desarrollo del país y era quizás el hombre adecuado para dirigir las reformas.

Amir Kabir era consciente de las necesidades militares del país incluso antes de su nombramiento como primer ministro. Durante su etapa como comandante militar en Azerbaiyán, supervisó los asuntos administrativos de los contingentes del ejército persa estacionados allí. Una de sus principales iniciativas fue ayudar a reentrenar el núcleo del ejército persa, que aún estaba formado por unidades de diferentes tribus. Para ello, Amir Kabir implantó un nuevo sistema de reclutamiento y pagó más directamente a los soldados en lugar de confiar su salario a los oficiales. Para diversificar la formación de las tropas y reducir la dependencia de Persia de Gran Bretaña y Rusia, Amir Kabir invitó a nuevos oficiales veteranos de Austria e Italia a compartir sus conocimientos con sus oficiales. En última instancia, pretendía crear una sólida industria armamentística en Persia, que consideraba esencial para mantener un ejército capaz.

Amir Kabir introdujo cambios más radicales en los sistemas financiero y administrativo de Persia. La corrupción se había extendido hasta tal punto que casi había acabado con la eficacia de las instituciones del país. Para garantizar más fondos en el tesoro real, el primer ministro redujo drásticamente el número de funcionarios estatales y también recortó los salarios de los que quedaban. A esto siguió la reducción de las pensiones estatales a las personas que contribuían poco al gobierno, incluida la restricción del acceso del harén real a los fondos estatales, una medida que fue muy impopular entre los altos cargos de la corte del sah.

Amir Kabir también aplicó una política intervencionista en la economía del estado, regulando los aranceles aduaneros (que ahora recaudaba el gobierno en lugar de los comerciantes individuales), subvencionando los cultivos comerciales, como la caña de azúcar y el algodón, y revisando el sistema tributario. Ahora se gravaba a los terratenientes en función de su productividad, no solo por el tamaño de sus propiedades. Estos cambios animaron a más gente a dedicarse a la agricultura, desarrollando enormemente el campo y beneficiando en última instancia a las clases media y media-baja del país. Las reformas del primer ministro también aumentaron la producción local de bienes, lo que se tradujo en la construcción de nuevas fábricas y la aplicación de nuevas técnicas de fabricación de diferentes productos.

Para asegurarse de que la población del reino estaba al día de los nuevos cambios gubernamentales, Amir Kabir publicó una gaceta estatal, que se distribuyó ampliamente. El periódico hablaba de las nuevas regulaciones y de los acontecimientos locales y extranjeros. Amir Kabir fomentó la creación y publicación de nuevas obras literarias de autores persas.

La joya de la corona de los logros de Amir Kabir fue la fundación de Dar ul-Funun, el primer instituto de enseñanza superior de Irán, que se inauguraría en 1851. Patrocinada en su totalidad por el gobierno, la escuela militar y técnica estaba situada en Persia y se especializaba en la enseñanza de diferentes disciplinas a jóvenes persas de clase alta que ya habían completado su educación primaria. Las clases eran impartidas en su mayoría por instructores extranjeros, que educaban a los muchachos en francés y persa. Dar ul-Funun educaba a las jóvenes en materias militares, medicinales, de ingeniería, históricas, matemáticas, lingüísticas y muchas más. Fue una institución revolucionaria que contribuyó en gran medida a la modernización de Persia. Uno de sus efectos secundarios fue la creación de más centros de enseñanza superior por todo el país en las décadas siguientes.

Amir Kabir se encontraría con su mayor obstáculo y la causa de su desaparición definitiva cuando intentó tomar medidas enérgicas contra los ulemas y el sistema legal del país, repleto de *mujtahid* religiosos corruptos (imanes, juristas y chiíes) que ostentaban el poder principal en los tribunales. Los ulemas ya se habían mostrado bastante reticentes a declarar su pleno apoyo a la dinastía Qajar, por considerarse poseedores del derecho divino a gobernar Persia, un sentimiento presente desde hacía bastante tiempo y que alarmó al emir Kabir. Así, trató de ejercer su influencia sobre el sistema judicial, destituyendo y castigando a los jueces corruptos y nombrando personalmente a aquellos en los que confiaba para puestos de mayor nivel en la corte musulmana. En resumen, el emir Kabir hizo imposible que los *mujtahid* tomaran decisiones jurídicas importantes sin su aprobación indirecta. A esto siguió también la prohibición de que los ulemas concedieran el *bast*, un proceso que los funcionarios religiosos utilizaban para "salvar" a los criminales condenados enviándolos a santuarios en mezquitas y santuarios religiosos. Esta decisión sirvió además para erradicar la corrupción en todos los niveles del sistema judicial.

Sin embargo, las ambiciosas, pero productivas políticas de Amir Kabir no bastaron para que durara mucho tiempo en el cargo. Dado que el joven e inexperto sah no estaba preparado para gobernar por sí solo, el primer ministro tuvo vía libre a la hora de aplicar reformas, muchas de las cuales fueron percibidas como radicales por los tipos más tradicionalistas del país. Con el tiempo, su eficaz represión de los altos cargos de la burocracia, los miembros de la corte real y los ulemas llevó a la creación de una facción que acabó deshaciéndose del primer ministro.

En noviembre de 1851, solo unos tres años después de convertirse en gran visir, Naser al-Din Shah, influido por la reina madre y otros miembros de facciones contrarias a Amir Kabir, destituyó al ministro, cuyas reformas habían encaminado a Persia hacia la modernización y el desarrollo que tanto necesitaba. Naser al-Din Shah degradó al ex primer ministro a jefe del ejército antes de enviarlo a Kashan, donde sería detenido por sus tropas. Esta decisión conmocionó al embajador ruso, que se alarmó especialmente por el nuevo primer ministro, Mirza Aqa Khan Nuri, del que sospechaban que era demasiado pro-británico. Esto resultó firmar la sentencia de muerte de Amir Kabir, ya que el joven sah fue informado de que los rusos planeaban enviar un pequeño contingente de tropas para poner al ex primer ministro bajo su protección. En enero de 1852, Amir Kabir, el hombre que había intentado reformar Irán, fue ejecutado por orden del sah.

Reacción a la reforma

Mirza Aqa Khan Nuri sucedió a Amir Kabir como nuevo ministro principal del sah. Era uno de los miembros de la facción que había trabajado duro para influir en Naser al-Din Shah y acabar con el régimen de Amir Kabir. La etapa de Aqa Khan Nuri en el cargo marcó el inicio de un periodo reaccionario a las reformas aplicadas por sus predecesores. El nuevo primer ministro no demostró precisamente la misma aptitud que Amir Kabir en lo que a política se refiere. Los primeros años de su mandato condujeron a Persia a un periodo crítico, ya que la nación era incapaz de maniobrar para alcanzar una posición más favorable en la escena internacional.

El nuevo primer ministro, tal vez buscando recuperar algunos de los antiguos territorios occidentales de Irán, se mostró reacio a declararse neutral en la guerra de Crimea. Su intención era invadir a los otomanos mientras estos estaban inmersos en un conflicto con Rusia. Al final, Persia no se implicó en la guerra, que terminó con la derrota de Rusia. Pero las acciones de Aqa Khan Nuri arruinaron para siempre las relaciones con los británicos, que habían apoyado al Imperio otomano en la guerra. A esto siguió un escándalo en el que se vio implicado el embajador británico en Persia, lo que provocó que la potencia europea rompiera todos sus lazos diplomáticos con el país de Oriente Próximo a finales de 1855.

Aqa Khan Nuri tomó la fatídica decisión de atacar a los afganos en Herat. Esta vez, la ciudad fue capturada en octubre de 1856. Sin embargo, no se podía jugar con los británicos. Como respuesta a las acciones del gobierno persa, Gran Bretaña declaró la guerra en noviembre. No es de extrañar que los militares británicos se impusieran fácilmente a los persas y les hicieran sufrir varias derrotas. Los británicos ocuparon primero la isla de Kharg y luego desembarcaron en Bushire en enero de 1857, donde aplastaron la resistencia persa y consiguieron prácticamente el libre acceso al corazón del país.

Naser al-Din se vio obligado a pedir la paz, que sería mediada por Napoleón III de Francia en abril. Por suerte, para los persas derrotados, los británicos no quisieron aprovecharse completamente de su victoria, temiendo que esta maniobra pudiera inducir a los persas a unirse a los rusos, lo que perjudicaría sus intereses en la región. Así pues, Persia solo tuvo que renunciar a Herat y a todas sus reclamaciones sobre los territorios afganos; Persia no tuvo que pagar ninguna reparación de guerra. Una vez negociada la paz, los británicos reanudaron las gestiones diplomáticas en Teherán.

Sin más, Aqa Khan Nuri comenzó su mandato con un duro revés. El sah, que creía haber dado al nuevo primer ministro tiempo suficiente para hacer algo que mereciera la pena, lo destituyó a principios de 1858. Durante un breve periodo de tiempo tras la destitución de Aqa Khan Nuri, Naser al-Din Shah se implicó más en el gobierno de su país, supervisando directamente algunos de los procesos importantes que tuvieron lugar durante la década de 1860. El acontecimiento más significativo de este periodo fue la construcción de la primera línea telegráfica persa, que unía Teherán con partes del sur de Irán.

Pero, por desgracia, el periodo también estuvo plagado de acontecimientos desafortunados para Persia, que resultaron difíciles de superar para el sah. La hambruna asoló el país al disminuir sus exportaciones agrícolas; la sequía y las malas cosechas también afectaron a la situación. Y lo que es más importante, a finales de la década de 1860 Rusia consiguió realizar importantes avances en Asia Central, apoderándose de territorios que limitaban con Irán por el noreste, lo que alarmó no solo a Persia, sino también a Gran Bretaña, cuya posición en la región se veía cada vez más cuestionada por la presencia rusa.

En la década de 1870 surgió una nueva figura en la escena política persa que trataría de impulsar una mayor modernización. Mirza Hosein Khan Moshir od-Dowleh era un experimentado diplomático que acumuló mucha experiencia durante su etapa como cónsul en Tiflis y más tarde como embajador en Estambul, durante el periodo de mayor éxito de la reforma Tanzimat del Imperio otomano. Tras experimentar los avances que los otomanos habían logrado en los últimos años, Moshir od-Dowleh se convirtió en un ávido occidentalizador y en uno de los mayores defensores del nacionalismo y la modernización iraníes, lo que le granjeó una gran reputación entre la intelectualidad persa afín. Desde su nombramiento como embajador hasta 1870, mantuvo una estrecha relación con Naser al-Din Shah, al que enviaba cartas en las que describía la evolución sociopolítica y económica que estaba teniendo lugar en el Imperio otomano y alababa los avances que el gobierno del sultán había realizado al abrazar las ideas occidentales. Esto le llevó a acompañar al sah a Bagdad a finales de 1870, donde Naser al-Din pudo comprobar por sí mismo hasta qué punto los otomanos habían sido capaces de modernizarse. En los años siguientes, el sah, entusiasmado por la misma perspectiva e impresionado por Moshir od-Dowleh, lo nombró nuevo primer ministro.

Aunque el nuevo primer ministro se mostró firme en su propósito de reformar el país e introdujo bastantes cambios en los sistemas administrativo y jurídico del país, su mandato y las reformas que llevó a cabo difirieron significativamente de las de Amir Kabir. La principal diferencia era que Moshir od-Dowleh parecía partidario de fomentar la participación extranjera en los asuntos iraníes. Por ejemplo, el nuevo primer ministro quería mejorar la economía persa, pero miraba hacia los británicos para que le ayudaran a conseguir su objetivo. Esta actitud se hizo más evidente cuando Moshir od-Dowleh impulsó la llamada concesión Reuter poco después de asumir su cargo.

La concesión, que finalmente se firmó en 1872 entre Naser al-Din Shah y el empresario y banquero judío británico barón Julius de Reuter, otorgaba a este último el derecho exclusivo y, de hecho, el control total sobre la construcción y el desarrollo de telégrafos, carreteras, minas, ferrocarriles, presas y otras obras públicas persas durante los siguientes setenta años. Aunque había sido propuesta por el primer ministro con la buena intención de obtener una ayuda muy necesaria para desarrollar las infraestructuras y la industria del país, la concesión de Reuter era una explotación escandalosa de los recursos de Persia. El acuerdo era similar a lo que los británicos imponían a sus territorios colonizados.

La concesión de Reuter resultó desastrosa para Moshir od-Dowleh y perjudicó enormemente el estatus del sah a los ojos del pueblo iraní, que veía el decreto como una violación de su soberanía. El primer ministro probablemente había tomado la decisión de impulsar la concesión porque veía a Gran Bretaña como un protector potencial de Persia frente a Rusia, una noción que probablemente reunió tras ver el papel protector de los británicos frente a los otomanos durante la época del Tanzimat.

Como era de esperar, la total indignación pública, la presión de los rusos e incluso la reticencia del gobierno británico a financiar un empeño tan fastuoso de un empresario privado hicieron inútil la concesión de Reuter. Naser al-Din Shah canceló el contrato un año después de su firma. Sin embargo, la cancelación no solucionó en absoluto los problemas de Persia. Aunque había producido un renacimiento del sentimiento antiextranjero, parte de la población iraní apoyaba cada vez más la participación rusa o británica en la economía y la política de Persia, creyendo que era el camino correcto que debía seguir el país.

El país estaba en bancarrota, era propenso a una mayor explotación por parte de actores externos y no tenía capacidad para forzar cambios que le repercutieran positivamente. Desde luego, no ayudó que Naser al-Din Shah realizara tres visitas a Europa después de la concesión de Reuter, lo que tensó aún más las arcas del país. Los burócratas y la élite religiosa volvieron a sus prácticas corruptas y contribuyeron poco a las posibilidades que Persia tenía de mantener el rumbo.

En la década de 1890, aunque Persia no participaba en ninguna guerra exterior, se había vuelto cada vez más dependiente de la participación extranjera. La Brigada Cosaca rusa se estableció en Teherán en 1879 y asumió un gran control sobre el sistema militar persa. Permitió a los oficiales rusos convertirse en los mandos más influyentes del ejército. Mientras tanto, el rico barón Reuter consiguió ejercer su influencia sobre el sah con la creación del Banco Imperial de Persia, que abrió sus puertas en 1889. El banco era una institución dirigida y controlada por los británicos. Actuaba como banco estatal y tenía derechos exclusivos para producir billetes de banco, lo que suponía el monopolio de los servicios financieros de Persia.

Capítulo 8 – El nacimiento del Irán moderno

La protesta del tabaco

La segunda mitad del siglo XIX fue un periodo extremadamente tumultuoso para Persia. El poder y la legitimidad del sah se cuestionaron por primera vez en mucho tiempo. La economía estaba prácticamente muerta, ya que dependía de la exportación de materias primas a bajo precio. El país iba retrasado en la industrialización y seguía teniendo problemas de infraestructuras, lo que afectaba a la conectividad regional. Y por último, las potencias europeas influían en la evolución política y socioeconómica persa a mayor escala que antes, explotando al gobierno y a la población de diferentes maneras. En conjunto, el futuro no parecía prometedor. Aun así, en Persia se produciría un acontecimiento que se considera en gran medida el primer hecho que desencadenó el inicio del moderno Estado-nación de Irán que conocemos hoy.

A finales de 1889, el tesoro persa había quebrado, en parte debido a la tercera y extravagante visita de Naser al-Din Shah a Europa, que había dado lugar a uno de los negocios más lucrativos de la historia iraní. Era casi de la misma magnitud que la concesión de Reuters, que había fracasado en la década de 1870, pero que aún se había manifestado de algún modo a través del control británico sobre el sistema bancario persa. En marzo de 1890, el sah, sin aprender de su error pasado y buscando desesperadamente fondos para mantener la economía en marcha, accedió a firmar un documento que otorgaba al mayor británico Gerald Talbot el monopolio total de la producción, distribución y exportación de tabaco persa durante cincuenta años. Así, a cambio del 25% de todos los beneficios obtenidos por el mayor Talbot, así como de un pago fijo anual, se creó la Imperial Tobacco Corporation, que cambió para siempre el curso de la historia de Irán.

La concesión de tales derechos exclusivos a un súbdito británico fue, como era de esperar, un gran negocio para la población local y el mercado, ya que el tabaco era uno de los productos más utilizados. Una vez finalizadas las negociaciones y difundida la noticia de la concesión, surgieron críticos de la decisión procedentes de todas las clases sociales, desde los consumidores ordinarios hasta los comerciantes de tabaco más ricos, pasando por miembros de la intelectualidad. Consideraban que la Imperial Tobacco Corporation era otro caso de intromisión extranjera no deseada en la vida persa. En la primavera de 1891, estallaron protestas en todos los bazares persas tras la llegada de los empleados de la compañía. Los productores y comerciantes locales de tabaco se negaron a ceder su trabajo a una empresa extranjera. Los comerciantes no tardaron en recibir el apoyo de los ulemas chiíes, que creían que operaban de acuerdo con los verdaderos intereses nacionales del país, arraigados en el islam y que no incluían la participación extranjera a esta escala. No solo eso, sino que la nueva normativa chocaba directamente con la sharía, arrebatando a los comerciantes locales el derecho a dedicarse al comercio como habían hecho durante siglos. La ulama también estaba indignada porque las concesiones tabacaleras les perjudicarían económicamente, ya que los miembros de la élite religiosa mantenían estrechos vínculos con ricas familias de comerciantes del país; la ulama incluso les permitía cultivar tabaco en tierras propiedad del clero. A finales de abril, casi toda Persia protestaba.

Grandes ciudades como Teherán y Shiraz se convirtieron en los centros de las protestas. El gobierno de Naser al-Din intentó reprimir las revueltas, arrestando a los líderes locales y obligando a los comerciantes a reabrir los bazares de las ciudades. Al final, los indignados manifestantes depositaron su confianza en un destacado *mujtahid* chií llamado Mirza Hasan Shirazi. Shirazi, que ocupaba un cargo de prestigio, escribió personalmente una carta a Naser al-Din Shah en la que expresaba su opinión sobre la decisión del sah, criticaba la concesión del tabaco e instaba al sah a retractarse. Como su carta no surtió el efecto deseado, en diciembre de 1891, Shirazi y los ulemas contrarios a la concesión emitieron una fetua (sentencia legal relativa a la ley islámica) en la que denunciaban las acciones del sah y declaraban que el consumo de tabaco era un delito para los seguidores del chiísmo twelver. Querían disuadir al pueblo de consumir tabaco, haciendo así inútil el recién adquirido monopolio británico.

La fetua se distribuyó ampliamente en las principales ciudades del país y desempeñó el papel más importante en la lucha del pueblo contra la concesión del tabaco. No solo cientos de miles de personas boicotearon el consumo de tabaco, incluidos los más cercanos al sah en su harén y su corte, sino que muchos terratenientes que cultivaban tabaco también quemaron sus suministros para resistirse a la adquisición británica. Lo cierto es que el ulama era una fuerza muy influyente en la Persia de finales del siglo XIX, por lo que el pueblo respetaría una prohibición religiosa de cualquier cosa, incluso del tabaco, que se consideraba esencial. Incluso se fumaba en las mezquitas.

Viendo que no había forma de luchar contra la mayoría de la población y dándose cuenta de que había tomado una decisión estúpida y desesperada, Naser al-Din Shah accedió a cancelar el contrato en enero de 1892. Estaba bajo la presión de miles de protestas en todo el país que aumentaban de tamaño cada día. Obviamente, echarse atrás le costó al monarca una cantidad excesiva de dinero. Se vio obligado a pagar 500.000 libras a los británicos. No disponía de tanto dinero, por lo que tuvo que pedirlo prestado a bancos rusos y británicos.

La protesta del tabaco demostró claramente la voluntad del pueblo iraní de resistirse a los deseos imperialistas de las potencias extranjeras. También puso de manifiesto la influencia de la élite religiosa. Aunque el acontecimiento se considera en gran medida un acontecimiento protonacionalista en la historia de Irán, hay que decir que, en retrospectiva, las protestas carecieron de la cohesión y la unidad de los últimos movimientos que dieron origen al Estado-nación iraní. A pesar de que la mayoría de la población estaba en contra de la aplicación de la concesión del tabaco, seguía habiendo facciones que la apoyaban o que no boicoteaban los cambios en la misma medida. Se cree que Naser al-Din, que era un gobernante débil y fácilmente manipulable, tenía dudas sobre la concesión, pero es posible que en un principio procediera a su implantación para no enfadar a los británicos. El pueblo, por su parte, se vio motivado a tomar las calles porque despreciaba la dominación extranjera y temía que el monopolio británico sobre el tabaco sumiera a muchos de ellos en la pobreza. Así pues, las protestas no eran realmente una forma de que el pueblo demostrara su espíritu nacionalista, al menos no en el pleno sentido del término.

Los historiadores también han señalado el papel de los rusos en la instigación y motivación de los manifestantes, ya que San Petersburgo veía naturalmente la concesión como una amenaza para sus propios intereses y quería oponerse a ella antes de que pudiera manifestarse suficientemente. Aun así, la protesta del tabaco tuvo un efecto en el pueblo iraní y en su mentalidad respecto a la presencia de potencias extranjeras en sus vidas.

Revolución constitucional

La debacle de la concesión del tabaco tuvo otros efectos perjudiciales para Persia en lo que respecta a su economía y su sociedad. La creciente inestabilidad y la incapacidad de Naser al-Din Shah para encontrar buenas soluciones a las crisis de su país provocaron un creciente odio público hacia la monarquía Qajar. En mayo de 1896, cuando el sah se dirigía a celebrar el inicio de su quincuagésimo año al frente del país, Naser al-Din fue tiroteado y asesinado. Su hijo, el príncipe heredero Mozaffar ad-Din, se convertiría en el nuevo gobernante de Persia. Mozaffar ad-Din, que ya había sido gobernador de Azerbaiyán, ascendió al trono con la esperanza de enmendar los errores de su padre. Pero durante sus treinta y cinco años como gobernador, siempre había dependido en gran medida de su séquito. El nuevo sah intentó primero nombrar a su propio primer ministro en lugar de Mirza Ali Asghar Khan Amin al-Soltan, que había ejercido durante el último periodo del reinado de Naser al-Din, pero dos años después, en 1898, Mozaffar ad-Din volvió a invitar a Amin al-Soltan, ya que se había decepcionado con su candidato.

Durante el tiempo en que Amin al-Soltan había sido destituido, había viajado a Japón, China, Rusia y Suiza y había conocido las diferentes prácticas utilizadas en estos países. La principal misión del nuevo sah era sacar a Persia de la crisis económica en la que se encontraba. Así que, a la vuelta de Amin al-Soltan, el primer ministro se dirigió de nuevo a Rusia, donde había hecho algunos contactos. En 1900 pidió prestados considerables fondos a San Petersburgo. Este dinero se utilizó para pagar préstamos de otros países e hizo que Persia dependiera cada vez más de Rusia desde el punto de vista financiero.

Para devolver el dinero prestado y solucionar algunos de los problemas económicos de Persia, el primer ministro invitó a una delegación belga encabezada por Joseph Naus y, juntos, implantaron un nuevo sistema de aranceles aduaneros en el país. El nuevo sistema aumentó los aranceles sobre los productos importados de Gran Bretaña, pero redujo los impuestos sobre los productos rusos. Esta decisión alarmó a los británicos, ya que les indicaba que Persia se estaba convirtiendo poco a poco en prorrusa. Los británicos también creían que disuadiría aún más a los posibles inversores británicos de entrar en el mercado persa, especialmente después de lo ocurrido durante la protesta del tabaco.

Un año más tarde, Amin al-Soltan, consciente de las preocupaciones británicas y deseoso de no alejar por completo a la mayor potencia del mundo de los negocios con Persia, medió en lo que resultó ser un impactante acuerdo con William Knox D'Arcy, un millonario británico-australiano. Según el acuerdo, que se firmaría en mayo de 1901 y alteraría para siempre el curso de la historia de Irán, D'Arcy obtenía derechos exclusivos sobre los recursos de gas y petróleo persas en casi todo el país durante los cincuenta años siguientes a cambio de 40.000 libras y el 16% de los ingresos, que debían pagarse directamente al gobierno persa.

En aquella época, aunque el gas y el petróleo eran bastante valiosos, no todo el mundo era consciente de las enormes reservas que poseía Irán. Durante los primeros años, la inversión británica no dio resultados significativos. Sin embargo, el 26 de mayo de 1908, los hombres de D'Arcy encontraron petróleo, lo que llevó a la creación de la Anglo-Persian Oil Company un año después. En 1914, tras ampliar la industria y encontrar cada vez más yacimientos petrolíferos en el sur de Irán, el gobierno británico se convirtió en accionista mayoritario de la compañía, lo que en esencia significaba que poseía el monopolio total de los yacimientos petrolíferos iraníes.

Una de las primeras refinerías de petróleo iraníes

Los esfuerzos de Amin al-Soltan no condujeron directamente a una mejor situación económica. Se suponía que los proyectos iniciados bajo el mandato del primer ministro tendrían beneficios a largo plazo para el país, pero la población persa no disponía de tanto tiempo. Un factor importante que frenó el desarrollo económico persa fue el patrón plata; la mayoría de las demás naciones del mundo ya habían completado su paso al patrón oro, lo que dificultó a Irán ajustarse a los cambios de precios del mercado mundial y provocó altos niveles de inflación. Sin embargo, en medio de las penurias sociales y financieras, el pueblo persa encontraría su tabla de salvación, dando lugar a uno de los movimientos sociales reaccionarios más fructíferos e influyentes de la primera década del siglo XX: la Revolución Constitucional.

La formación de gobiernos cada vez más liberales había sido, de hecho, la tendencia a lo largo del siglo XIX, a medida que Europa y el resto del mundo asistían a la disminución gradual de las monarquías y al surgimiento de repúblicas híbridas con constituciones que no permitían la concentración de poder en manos de un solo individuo. En Persia, el movimiento que finalmente desembocó en la llamada Revolución Constitucional fue un largo proceso que comenzó principalmente en 1904/1905. El sentimiento de reforma existía desde hacía mucho tiempo en Irán, y los miembros de las diferentes clases sociales tenían diferentes razones para su descontento hacia el gobierno central de Teherán. Después de 1904, este sentimiento llevó a la creación de múltiples sociedades secretas y sociopolíticas en todo el país. Estos partidos estaban dirigidos por miembros de la intelectualidad y formados por individuos de ideas afines que se unían bajo la bandera de querer reformar el país a costa del régimen Qajar. Las sociedades aumentaron sustancialmente sus filas en el lapso de varios meses. Incluso consiguieron el apoyo de miembros destacados de los ulemas, como Mirza Sayyed Mohammad Tabatabai y Seyyed Abdollah Behbahani.

Los revolucionarios ganaron aún más adeptos y se pronunciaron públicamente contra el régimen tras un incidente ocurrido en diciembre de 1905. El gobernador de Teherán ordenó golpear a dos comerciantes por negarse a cumplir la nueva normativa. La gente se echó a la calle, protestando por la violencia hacia los comerciantes y haciendo que el gobierno de Teherán movilizara fuerzas para reprimir los disturbios. Mohammad Tabatabai "ofreció" a unos dos mil manifestantes tomar el líbano, lo que significaba que debían encontrar santuario en el santuario Shah Abdol-Azim, dándoles la oportunidad de escapar legalmente de la policía de la ciudad y reagruparse. El gobierno simplemente no podía violar el *bast*, por lo que sus fuerzas no pudieron irrumpir en el establecimiento religioso para detener a los manifestantes. Cada vez más gente se acogió al *bast* y expresó sus demandas bajo la protección de los ulemas. Al cabo de un mes, en enero de 1906, los activistas obligaron al sah a aceptar la destitución de su primer ministro y a crear la "Casa de Justicia", primera iteración de lo que sería el Parlamento iraní.

En verano, la situación se agravó cuando la policía de Teherán intentó reprimir a algunos de los manifestantes, deteniendo a varios de los principales activistas. Esto hizo que Mohammad Tabatabai y Abdollah Behbahani organizaran un nuevo líbero, primero en Qom y más tarde en la embajada británica, donde se reunieron más de trece mil personas a finales de julio de 1906. Allí, los líderes de las protestas se dirigieron a los manifestantes congregados, exponiendo claramente sus reivindicaciones y su visión del futuro de Irán, que se suponía brillante y próspero. Los manifestantes estaban especialmente motivados por el éxito de manifestaciones similares en Rusia, que condujeron a la revisión de su constitución y a la creación de la duma rusa en mayo de 1906, en detrimento del poder autocrático del zar. Los activistas reunidos en la embajada británica expresaron preocupaciones y demandas similares, lo que obligó al sah a aceptar la creación del Majlis, una asamblea representativa nacional, en agosto.

Las primeras elecciones al Majlis se celebrarían un mes más tarde, después de que se concediera el derecho de voto a todos los ciudadanos iraníes varones propietarios mayores de treinta años, una decisión que no tenía en cuenta la religión de los votantes. También excluía a los miembros campesinos de la sociedad, que no podían votar al no poseer nada. Tras la celebración de las elecciones, la Asamblea Nacional Representativa de Persia se reuniría, por primera vez, el 7 de octubre de 1906. A finales de año, redactó una constitución preliminar llamada leyes fundamentales, que proponía la creación de un senado y una legislatura bicameral. Aunque se concedía al sah el derecho a elegir a muchos representantes en el Senado, el Majlis, cuyos miembros eran elegidos por votación popular cada dos años, tenía técnicamente más poder y más responsabilidades.

Mozaffar al-Din Shah firmó las leyes fundamentales el 30 de diciembre, autorizando así la primera versión de la Constitución persa. El sah murió poco después de firmar las leyes, siendo sustituido por el príncipe heredero Mohammad Ali Shah. El nuevo sah, junto con otras facciones, se erigió en el principal opositor a la Constitución de 1906 y al régimen liberal por el que pujaba la intelectualidad persa.

نمایندگان ملت در مشروطه اول

Representantes del primer Majlis

https://commons.wikimedia.org/wiki/File:Representatives_of_the_First_Iranian_Parliament_WDL_11288.png

Estos rápidos avances hacia el establecimiento de una monarquía constitucional moderna y capaz no pasaron desapercibidos para las grandes potencias, que seguían manteniendo sus intereses en Persia. Esto se pondría de manifiesto tras la Convención anglo-rusa de agosto de 1907, que tuvo lugar ni siquiera un año después de la creación del Majlis en Teherán. Gran Bretaña y Rusia habían observado atentamente el desarrollo de la revolución en Persia, y la legación británica no solo dio cobijo a los manifestantes en los terrenos de la embajada con *bast*, sino que también asesoró a sus líderes y ayudó a los activistas a alcanzar su objetivo. Los rusos seguían al tanto de la situación en Teherán gracias a su creciente papel en los asuntos militares e internos persas gracias a la Brigada Cosaca, que estaba estacionada en el país en todo momento.

Aun así, las esperanzas constitucionalistas de recibir algún tipo de ayuda tras la formación del Majlis se verían truncadas tras la Convención anglo-rusa de 1907, ya que su principal objetivo era aliar a Europa contra un enemigo común emergente: Alemania. Además, Rusia y Gran Bretaña acordaron neutralizar cualquier conflicto previo que tuvieran en Oriente

Próximo dividiendo Persia en dos esferas de influencia separadas. Cada potencia tendría derecho a perseguir libremente sus intereses políticos y socioeconómicos sin temer la intervención de la otra.

Aunque los términos del acuerdo obligaban a ambos estados a respetar la integridad territorial y la soberanía de la nación persa, esto no les impidió proceder a formar zonas en las que cada potencia sería más dominante. Hay que decir que las divisiones no fueron realmente tan precisas, pero efectivamente, la parte norte de Irán, incluyendo Teherán, Azerbaiyán, Jorasán y Gilán, con Isfahán como punto más meridional, pasó a formar parte de la esfera de influencia rusa. Los británicos se quedaron con los territorios del sudeste persa de Sistán y Kermán. Esto significaba que el recién formado Majlis se quedaba esencialmente con el control de Fars y el suroeste de Persia, algo que perjudicaba enormemente el estatus del gobierno, ya que en realidad no podía hacer nada ante la división de las tierras del país.

La reacción realista y el fin de la revolución

Además de la intromisión extranjera y la oposición del sah, el Majlis se vio sumido en una mayor confusión debido a las divisiones entre los propios constitucionalistas. Estaban los más radicales, que abogaban por el laicismo y políticas más liberales, y el ala conservadora del partido, que deseaba reafirmar la importancia del islam chií y mantener los nombres árabes de las nuevas instituciones en lugar de utilizar terminología europea como "parlamento" o "congreso". En los primeros días del Majlis, los liberales, aunque tenían menos escaños en la asamblea, estaban mucho mejor organizados. Habían esbozado claramente su visión del desarrollo del país y parecían estar imponiéndose a sus homólogos conservadores. El ala izquierda de los constitucionalistas presionaría para que se añadieran a la Constitución las "leyes suplementarias", que acabarían constituyendo la enmienda constitucional de 1907.

Aun así, la enmienda no se aprobó sin encontrar una serie de problemas por parte de la parte conservadora del Majlis. Finalmente, los conservadores presionaron para que se consideraran sus propias demandas y se añadieran a la propuesta de los liberales, una iniciativa que fue apoyada por el nuevo sah, cuyo objetivo era socavar a los constitucionalistas. Es posible que sospechara que querían abolir la monarquía y disminuir así su poder.

En octubre de 1907, tras meses de negociaciones, el sah y los conservadores acordaron aprobar la enmienda, que seguía conteniendo en gran medida puntos liberales, pero que también incluía las propuestas apoyadas por los conservadores, sobre todo el punto de que el chiismo twelver debía ser la religión oficial del país. La declaración de la religión del Estado era el primer artículo de la enmienda, seguido de la afirmación de que todos los cambios en las leyes del país debían ser aprobados por un comité especial formado por funcionarios religiosos, otra victoria para los constitucionalistas conservadores.

A pesar de una especie de cooperación fructífera entre los dos grupos del Majlis, el sah seguía siendo hostil a los constitucionalistas, que poco a poco iban aumentando su poder en el país y su alcance sobre las instituciones de Persia. De hecho, en diciembre de 1907, las relaciones entre el monarca y el Majlis se habían vuelto tan tensas que el primero intentó tomar el edificio de la Asamblea Nacional con la ayuda de simpatizantes monárquicos locales. El ataque al edificio del Majlis fue repelido por los constitucionalistas radicales que se encontraban en su interior, y la creciente presión de las legaciones británica y rusa en el país hizo que el sah diera marcha atrás, pues no quería enfadar a las grandes potencias.

Mohammad Ali Shah intentaría una vez más hacerse con el poder del país y socavar el Majlis en junio de 1908. Para entonces, los radicales habían conseguido convertirse en la facción más prominente de la Asamblea Nacional, tras haberse defendido con éxito de los insurrectos monárquicos. El creciente poder del Majlis, así como sus intentos demostrados de establecer contactos con Alemania, alarmaron a británicos y rusos, que apoyaron al sah en el golpe de junio de 1908. Actuando a través de la Brigada Cosaca rusa, Mohammad Ali Shah exigió que se arrestara a miembros destacados del flanco liberal del Majlis, ultimátum que fue rechazado por el Majlis, cuyos miembros movilizaron a sus partidarios para defender de nuevo el edificio. El 23 de junio, la Brigada Cosaca procedió a bombardear el edificio del Majlis, matando a muchos líderes liberales constitucionalistas y arrestando al resto, que se vieron obligados a rendirse a las tropas del sah. A continuación, la Brigada Cosaca ejecutó a varias figuras destacadas del Majlis, como Jahangir Khan, fundador de la revista liberal más popular, *Sur-e Esrafil*, y Malek al-Motakallemin, uno de los líderes radicales. Otros constitucionalistas, como Tabatabai y Behbahani, que habían estado a la cabeza del movimiento desde su creación tres años antes, fueron detenidos.

Con los constitucionalistas derrotados y el edificio del Majlis destruido, parecía que los monárquicos y Mohammad Ali Shah se habían anotado una victoria sobre la oposición. Sin embargo, el bombardeo del edificio del Majlis y la detención y ejecución de los líderes del movimiento no fueron suficientes para acabar con el impulso de reforma y modernización, ya que surgieron críticas a las acciones del sah en todas partes del país. Incluso miembros de los ulemas chiíes condenaron las acciones del sah y le instaron a restaurar el Majlis. Mientras los constitucionalistas persas que habían conseguido huir o vivían en el extranjero intentaban volver a inclinar la opinión pública a su favor en Europa, los revolucionarios locales también empezaron a movilizarse para arrebatar el poder al sah. La resistencia persa se concentró en Azerbaiyán, en la ciudad de Tabriz, que albergaba a miles de proconstitucionalistas llegados de distintas partes de Persia.

Enterado del crecimiento de la resistencia en Tabriz, el sah ordenó a sus tropas sitiar la ciudad y obligar a los constitucionalistas a rendirse. Los rebeldes se agruparon bajo el mando de Sattar Khan y pudieron defenderse de las fuerzas del sah durante casi diez meses. En febrero de 1909, cuando los revolucionarios estaban completamente rodeados por las tropas realistas, Mohammad Ali Shah se vio obligado a abandonar el asedio, presionado por los rusos. Las motivaciones exactas de esta decisión no están claras. Puede que Rusia se sintiera responsable y recelosa de la inestabilidad en lo que era efectivamente su esfera de influencia persa, o puede que quisiera seguir en términos amistosos con los británicos, que, tras el bombardeo del sah contra el Majlis, eran más proconstitucionalistas. En cualquier caso, en abril de ese mismo año, un contingente del ejército ruso acudió a aliviar el asedio de Tabriz y salvó a los revolucionarios.

Al mismo tiempo, los partidarios constitucionalistas crecían en número en distintas partes del país, sobre todo en la ciudad de Rasht, al sureste de Tabriz. Dirigidos por Yeprem Khan, un experimentado comandante y figura pública, los partidarios constitucionalistas consiguieron suficientes hombres para hacerse con el control de la ciudad. A principios de mayo, marcharon hacia Qazvin, donde se unieron a las fuerzas relevadas de Tabriz. Juntos, los constitucionalistas marcharon hacia Teherán, alcanzando la ciudad a mediados de julio y tomando el control tras unos días de lucha. Declarándose "asamblea especial", los revolucionarios depusieron a Mohammad Ali Shah, obligándole a exiliarse en Rusia, y colocaron en el trono a su joven hijo Ahmad. Los revolucionarios también establecieron un gobierno provisional hasta que el Majlis pudiera reunirse de nuevo en diciembre. Detuvieron a los principales conservadores anticonstitucionalistas de todo el país y establecieron su firme control sobre Teherán con el apoyo de británicos y rusos.

El segundo Majlis se reunió en diciembre de 1908 y se restableció el régimen constitucionalista en el país. Pero a pesar de la aparente derrota de los monárquicos, los acontecimientos posteriores no dieron buenos resultados para Irán. Las razones de este periodo infructuoso son múltiples e incluyen la naturaleza hostil de los partidos opositores al segundo Maylis. El mayor error del segundo Maylis fue asumir que ahora tenía vía libre para tratar los problemas de Persia, sin consultar a rusos y británicos, que percibían las acciones de los constitucionalistas como una amenaza para sus propias posiciones en la región. Por ejemplo, el Maylés decidió reformar la policía, disminuyendo la importancia de la Brigada de Cosacos rusa y estableciendo una gendarmería dirigida por suizos, algo que enfureció a San Petersburgo.

Sobre todo, la llegada de un asesor financiero estadounidense llamado Morgan Shuster antagonizó para siempre las relaciones entre los europeos y Teherán. Shuster era un abogado y financiero experimentado. Rápidamente, se dio cuenta de que Persia carecía de un sistema fiscal cohesionado y operativo, y de que la intervención de potencias extranjeras en los asuntos internos del país había acabado por llevarlo a la bancarrota. El Majlis concedió mucha libertad a Shuster. Se mostró indiferente ante rusos y británicos y se centró en el desarrollo de Irán. Sorprendentemente, consiguió sentar las bases de diferentes instituciones administrativas que garantizarían el crecimiento de la economía persa a expensas de la influencia rusa y británica.

La imprudente política de Shuster enfureció enormemente a San Petersburgo, que exigió, en numerosas ocasiones, su destitución, solo para encontrarse con que su petición era rechazada por el Majlis de Teherán. En julio de 1911, cuando Mohammad Ali Shah intentó regresar con una pequeña fuerza monárquica para retomar el poder, el Majlis le derrotó fácilmente y exigieron que su hermano, Malek Mansur Mirza, que poseía muchas tierras ricas, pagara indemnizaciones al gobierno por el intento de su hermano de instigar un golpe de estado. Shuster recibió el encargo de confiscar las fastuosas propiedades del príncipe Qajar, y el estadounidense le obligó, tras haberse asegurado, ya de que otros miembros de la familia real Qajar pagaran sus impuestos. Esto fue la gota que colmó el vaso para los rusos, que habían sido objeto de constantes burlas por parte del asesor financiero estadounidense. Además, Shuster había intentado socavar el control ruso del norte de Irán nombrando a funcionarios antirrusos en varios cargos importantes.

Los rusos enviaron otro ultimátum al Majlis para que destituyeran a Shuster y, tras ser rechazados una vez más, avanzaron con sus fuerzas en Azerbaiyán, ocupando Tabriz y más tarde Rasht. A continuación, empezaron a converger en Teherán, donde parte de la población local había llegado a criticar cada vez más al Majlis. Presionado por las potencias extranjeras y deseoso de evitar otro desastre político, el joven Ahmad Shah, que seguía bajo la regencia de su tío, Ali-Reza Khan, tomó la decisión de disolver el segundo Majlis a finales de diciembre de 1911, marcando el final de la Revolución constitucional de Irán.

Un interludio posrevolucionario

La Revolución constitucional había sido un fracaso, ya que el Majlis acabó siendo dominado por la autoridad del sah. Los constitucionalistas tampoco consiguieron instaurar una monarquía constitucional con un poder legislativo bicameral. Movimientos similares habían fracasado también en Europa, pero la diferencia entre las revoluciones europeas y los acontecimientos de Persia radicaba en el momento en que se produjeron. Las naciones europeas habían impulsado en gran medida un mayor liberalismo medio siglo antes, lo que había provocado el debilitamiento de las monarquías autocráticas en todo el continente. Al comienzo de la Primera Guerra Mundial, la mayor parte de Europa se encontraba en una posición política privilegiada. En Persia, en cambio, los cambios se produjeron mucho más tarde. Aunque muchos de los miembros del Majlis habían actuado con buenas intenciones, fueron incapaces de hacer valer su autoridad en el país, que volvió a ser presa de potencias extranjeras.

A pesar de que Persia era técnicamente un país neutral durante la Primera Guerra Mundial, hubo combates en el país. El Imperio otomano se unió a las Potencias Centrales, lo que acabó provocando que una parte del conflicto tuviera lugar en territorios persas, algo sobre lo que el sah, que acababa de alcanzar la mayoría de edad y de ser coronado oficialmente, no tenía poder alguno. Aunque los combates entre los otomanos y los aliados rusos y británicos tuvieron lugar a una escala relativamente menor (sobre todo en el noroeste de Irán), el sah y el gobierno persa no pudieron intervenir debidamente en los acontecimientos, sobre todo porque el ejército del que disponían era prácticamente inexistente, compuesto principalmente por la Brigada Cosaca y la gendarmería y no contaba con más de veinte mil hombres en el mejor de los casos.

Un acontecimiento bélico crucial que afectó enormemente a Persia fue la Revolución rusa de 1917 y la posterior creación de la Unión Soviética. Con el Tratado de Brest-Litovsk, los rusos, incapaces de seguir luchando contra las Potencias Centrales debido al caos interno provocado por los socialistas, se vieron obligados a retirarse de la guerra. En el Cáucaso y el noroeste de Irán, los británicos se hicieron cargo por completo de la lucha, aunque para entonces los otomanos habían agotado su fuerza militar y no representaban una amenaza real. No solo eso, sino que la recién formada Unión Soviética procedió a declarar formalmente el fin de la búsqueda de intereses de Rusia en Persia, condenándola como un descarado planteamiento imperialista de la Rusia zarista. Esto significaba que los rusos estaban finalmente fuera del norte de Persia y que Gran Bretaña, que acababa de salir victoriosa de la guerra y se había hecho con gran parte de los territorios otomanos de Levante, seguía siendo la única potencia extranjera con un interés declarado en Persia, lo que complicaba aún más el clima político.

Los británicos asumieron un papel dominante en la región y aplicaron una política exterior que subrayaba claramente el hecho de que se habían convertido en la única parte interesada en Persia. La retirada de Rusia coincidió también con la presencia de algunas de las personas de mentalidad más imperialista en los asuntos exteriores británicos, como el ministro de Asuntos Exteriores, Nathaniel Curzon y el ministro británico en Irán, Percy Cox, que consideraban necesaria la creación de un protectorado británico en Persia para defender las posesiones británicas en la India de potencias expansionistas y hostiles como Rusia, a pesar de que los rusos habían decidido abandonar oficialmente sus esfuerzos en la región. Esto, combinado con el infame gabinete de ministros pro-británicos que había sido nombrado por Ahmad Shah para asumir las responsabilidades del Majlis, condujo a la firma de otro absurdo acuerdo entre los dos países.

El Acuerdo Anglo-Persa de agosto de 1919, que era menos que un "acuerdo" y más que un decreto proclamado por los británicos debido a la influencia que ejercían sobre el gobierno de Persia, redoblaba la confianza de Persia en Gran Bretaña. El acuerdo afirmaba que Persia necesitaba a Gran Bretaña para superar el duro periodo que había atravesado en los últimos años y que solo los británicos tenían presencia suficiente en la región para proporcionar la ayuda y protección necesarias para que Persia se modernizara y reorganizara. A cambio del acceso británico exclusivo a todos los yacimientos petrolíferos de Persia, Gran Bretaña proporcionaría a Persia un préstamo de dos millones de libras durante veinte años, enviaría oficiales y equipo para reestructurar el ejército persa, supervisaría el desarrollo de las infraestructuras y las redes de comunicación del país y ayudaría a los funcionarios persas a revisar el sistema arancelario que durante tanto tiempo se había impuesto a los productos británicos importados. Fue un buen negocio para los británicos y provocó las críticas de Francia y Estados Unidos, que consideraron el empeño como otro ejemplo de fortalecimiento de la posición británica a expensas de un país extranjero subdesarrollado.

Los ministros del sah aprobaron el acuerdo, aunque, según la Constitución del país, debía ser ratificado también por el Majlis, que aún no se había vuelto a reunir. Sin embargo, por si no estaba ya suficientemente claro, la población persa no tardó en darse cuenta de que los británicos se movían por su cuenta y no estaban dispuestos a comprometerse a la escala que habían propuesto en el acuerdo. La noticia de otra decisión perjudicial por parte del gobierno provocó movimientos nacionalistas en *todo* el país, especialmente en las provincias de Gilan y Azerbaiyán, que habían liderado los movimientos activistas una década y media antes. La gente empezó a sospechar del control directo británico sobre el sah, creyendo que los europeos podían haber sobornado al monarca y a los ministros empleados por él.

Un pequeño contingente del ejército soviético desembarcó en la ciudad portuaria del Caspio de lo que hoy es Bandar-e Anzali, temiendo que los británicos pretendieran apoyar a los rusos blancos, aquellos que se oponían a los bolcheviques y apoyaban al zar, dándoles refugio en Persia. Exigieron que Gran Bretaña retirara sus fuerzas de los territorios persas, percibiéndolas como una amenaza para su seguridad. Este acontecimiento demostró una vez más que Gran Bretaña no estaba preparada para defender la soberanía y los intereses de Persia en caso de una intervención extranjera concentrada. La naturaleza desorganizada del gobierno persa, combinada con el incidente con los soviéticos y la reticencia de los funcionarios británicos en Londres a apoyar los esfuerzos de Curzon, obligaron finalmente a Gran Bretaña a evacuar todas sus fuerzas de Persia en abril de 1921, no habían transcurrido dos años desde la firma del acuerdo. El Acuerdo Anglo-Persa estaba efectivamente muerto.

La caída de la dinastía Qajar

Viendo que el acuerdo de Curzon con Persia estaba muerto y que la presión de los soviéticos iba en aumento, los británicos pronto volvieron a cambiar su enfoque hacia Persia, esta vez favoreciendo la formación de un gobierno persa capaz que no se sintiera atraído por los rusos y, al mismo tiempo, mantuviera la estabilidad en el país hasta el punto de que los intereses económicos de Gran Bretaña siguieran cumpliéndose. Este cambio de política condujo al golpe de estado del 21 de febrero de 1921, dos meses antes de que los británicos se retiraran del país. Una fuerza de la Brigada Cosaca al mando del coronel Reza Khan marchó de Qazvin a Teherán y tomó la ciudad, haciéndose con el control del gobierno y declarando la ley marcial. Reza Khan y un destacado periodista pro británico llamado Sayyid Zia lideraron el movimiento nacionalista, que muy probablemente fue instigado en secreto por oficiales británicos sin que Curzon lo supiera. No están claros los detalles de cómo se produjo realmente el golpe ni cómo sus líderes, que tenían una experiencia política limitada, consiguieron unir bajo su bandera a otras personas de mentalidad nacionalista. Aun así, el liderazgo de Sayyid Zia, que anteriormente había sido director de un periódico pro-británico en el país y era bien conocido por su actitud pro-británica, llevó a muchos iraníes a creer que Londres estaba detrás del golpe, organizándolo para su propio beneficio.

Reza Shah Pahlaví en la década de 1930
https://commons.wikimedia.org/wiki/File:Reza_shah_uniform.jpg

Sin embargo, poco después de la toma de la capital, los dos líderes del golpe se pelearon entre sí. Sayyid Zia era especialmente odiado por el pueblo debido a sus conexiones pasadas con los británicos, a pesar de que había cancelado oficialmente el Acuerdo Anglo-Persa. Fue nombrado primer ministro, pero utilizó su poder de forma despiadada y ordenó la detención de muchos políticos, independientemente de sus creencias o lealtades. Al final, Reza Khan consideró que el antiguo periodista era incapaz de dirigir el país. También le molestaba la constante intromisión de su socio en el ejército. Así que obligó a Sayyid Zia a dimitir en mayo. Este huyó de Irán y permaneció en el exilio durante unas décadas, hasta que finalmente regresó.

Sin más, Reza Khan, el comandante de la Brigada Cosaca, se había erigido en el único líder del golpe. Incluso antes de la dimisión de Sayyid Zia, ya había demostrado que tenía una visión y unos objetivos claros en mente y que era un comandante capaz y apto para dirigir. Cinco días después de tomar la capital, el 26 de febrero, Reza Khan firmó el tratado de amistad ruso-persa, estableciendo relaciones pacíficas con los bolcheviques y obligando a sus tropas a abandonar Persia. En noviembre de 1921, Reza Khan derrotó a los grupos de resistencia que habían aparecido por todos los territorios persas, lo que contribuyó aún más a estabilizar la situación y neutralizó las amenazas tribales y regionales que existían en el país desde hacía muchos años. A continuación, Reza Khan procedió a reformar la gendarmería, sustituyendo a los oficiales suizos por personal iraní capacitado y unificando las partes dispersas del ejército de las distintas provincias de Persia.

En 1924, menos de un año después de su nombramiento como primer ministro, Reza Khan se encontró con el desafío del gobernador de Juzestán, el jeque Khazal, que había liderado una revuelta árabe contra el nuevo gobierno. Khuzestan había sido durante mucho tiempo una provincia rebelde, y el jeque Khazal se negó a pagar impuestos al nuevo gobierno de Teherán. Contó con el apoyo de los británicos, que suministraron armas a sus hombres. A pesar de que los británicos habían advertido a Reza Khan que se abstuviera de atacar Juzestán, temerosos de que un conflicto armado destruyera sus yacimientos petrolíferos en la región, Reza Khan avanzó contra los rebeldes, logrando reprimir la rebelión con relativa facilidad y sufriendo pocas bajas. Al reafirmar el control sobre la provincia y demostrar que su reorganización del ejército había sido un éxito, la popularidad de Reza Khan se disparó. El pueblo respetaba su capacidad de liderazgo y su habilidad para no retroceder ante un desafío, aunque fuera contra Gran Bretaña.

Mientras se producía el golpe en Teherán, en el Imperio otomano se desarrollaban acontecimientos similares, ya que un movimiento nacionalista turco había derrocado a la monarquía y triunfado bajo el mandato del primer presidente del imperio, Mustafá Kemal. La mayoría de los persas eran contrarios a la monarquía, puesto que la victoria del nacionalismo y los éxitos de los republicanos bajo Reza Khan habían influido en gran parte de la población. Esta opinión era compartida por el Majlis, que había vuelto a reunirse y funcionaba desde el golpe de 1921. Se había vuelto cada vez más liberal después de que se reuniera su quinta iteración en 1923. Debido a sus aspiraciones de modernizar y desarrollar la sociedad del país, el Majlis adoptó nombres de estilo europeo, abandonando los títulos tradicionales que se asociaban al antiguo régimen (Reza Khan se convirtió así en Reza Pahlaví tras este cambio). También autorizó algunas de las iniciativas del primer ministro y, en general, mantuvo buenas relaciones con el líder del golpe. Motivados por el triunfo del republicanismo en Turquía y el descontento general de la opinión pública hacia Ahmad Shah Qajar, los Majlis debatieron la opción de abolir la monarquía en Persia, una medida que sin duda supondría un paso radical hacia la modernización y abrazaría plenamente los ideales republicanos. Sin embargo, después de que los miembros más conservadores del Majlis se opusieran vehementemente a esta idea, el ala liberal dio marcha atrás.

Al final, se llegó a un acuerdo que probablemente fue bueno para todos. Se aboliría la dinastía Qajar, pero se mantendría la monarquía, y Reza Khan sería nombrado nuevo sah. Así, el 14 de febrero de 1925, mientras Ahmad Shah Qajar seguía de viaje en Europa (que fue donde estuvo la mayor parte de su tiempo como sah), Reza Pahlaví fue proclamado nuevo sah de Persia, poniendo fin a más de 130 años de gobierno Qajar en Irán.

Capítulo 9 – De Reza Shah Pahlaví a la Revolución Islámica

Reza Shah Pahlaví

Con el acceso de Reza Shah al trono persa, entramos en la segunda etapa de la historia moderna iraní. Este periodo es significativo, ya que marcaría el surgimiento de Persia como Estado-nación moderno, con una monarquía constitucional efectiva como sistema político. A menudo se considera a Reza Shah Pahlaví el fundador del Irán moderno debido a sus proyectos básicos, pero, al mismo tiempo, largamente esperados, que consolidaron la posición de Persia como Estado-nación soberano en el escenario político mundial. De hecho, el reinado del primer monarca Pahlaví supuso una drástica mejora con respecto a las décadas anteriores bajo el dominio Qajar. El gobierno de Reza Shah se caracterizó por un aumento de la estabilidad interna, el crecimiento económico y el renacimiento sociocultural.

Como comandante militar, el primer empeño de Reza Shah Pahlaví fue la unificación de los ejércitos de Persia bajo un sistema cohesionado. Pahlaví ya había realizado importantes avances en este sentido incluso antes de convertirse en sah, pues había reorganizado tanto la Brigada de Cosacos como la Gendarmería, anteriormente dirigida por suizos. En 1930, el ejército persa estaba mucho más avanzado y contaba con casi 100.000 hombres debidamente entrenados, equipados y remunerados. Se crearon complejos militares en todo el país para que se ajustaran a las normas modernas. Las leyes de reclutamiento, que habían sido una de las primeras reformas legislativas del Majlis bajo Reza Shah Pahlaví, ayudaron en gran medida al nuevo sah a crear un sistema que acabó por fin con la agitación causada por los grupos armados regionales y tribales.

Sin embargo, el principal objetivo de Reza Shah no era librar guerras en el extranjero y expandirse. Por el contrario, el sah se dio cuenta correctamente de que tales esfuerzos serían cada vez más difíciles tras los acontecimientos de la Primera Guerra Mundial, sobre todo porque Persia se encontraba rodeada de potencias mundiales mucho más poderosas. El objetivo de la reforma del ejército era crear una fuerza capaz de mantener la paz y la seguridad, dos cosas que contribuían a garantizar la prosperidad y una mayor calidad de vida. Aunque Reza Shah se enfrentó a muchas rebeliones regionales diferentes en su camino hacia la creación de un ejército persa unido basado en el servicio militar obligatorio, toda la resistencia fue derrotada con relativa facilidad gracias a la resistencia y el excelente liderazgo del sah.

Además de reformar el ejército, Reza Shah Pahlaví introdujo cambios que afectaron a otros aspectos de la vida. Por ejemplo, para ponerse al nivel de las potencias regionales, mucho más modernizadas, Persia experimentó un gran aumento de la industria nacional y de las infraestructuras bajo la administración de Reza Shah. Se construyeron miles de kilómetros de nuevas carreteras y autopistas por todo el país, eliminando por fin los problemas de conectividad que habían asolado Irán desde siempre. Bajo su mandato, en 1938, se completó la construcción del crucial ferrocarril transiraní, que conectaba el país desde el mar Caspio hasta el golfo Pérsico.

En cuanto al desarrollo de la administración, se implantaron nuevos sistemas burocráticos para aumentar la participación del gobierno en los asuntos públicos descentralizados y mantener un fuerte control sobre lo que ocurría en el país. A continuación, se creó un nuevo sistema educativo. El gobierno financió cientos de nuevas instituciones, que aumentaron enormemente los índices de alfabetización de los ciudadanos iraníes, convirtiéndolos en mano de obra más cualificada en distintos campos de la economía. El crecimiento económico durante el reinado de Reza Shah quizá no fue tan excelente como a él le hubiera gustado, pero los esfuerzos por monopolizar varios canales de producción condujeron sin duda a una mayor centralización del poder y a la creación de una clase media más fuerte, esencial para establecer una transición completa a una sociedad capitalista funcional.

Es innegable que Reza Shah Pahlaví había estado muy influido por su homólogo turco, Mustafa Kemal Ataturk, que sin duda había dado todo un ejemplo tras su aparición como nacionalista incondicional en Turquía. De hecho, el sah visitó al presidente turco y entabló buenas relaciones con él. Reza Shah intentó aplicar las partes de las reformas de Ataturk que consideraba esenciales para el desarrollo de Irán. Debido a su afán de nacionalismo persa, el aspecto sociocultural del país se pondría muy de relieve, y el sah fomentaría el estudio de la historia persa preislámica, restaría importancia a las lenguas minoritarias no persas en el país y promovería la idea de que Irán era solo para los persas étnicos.

Reza Shah también se inspiró en Ataturk en lo que respecta a la creciente importancia y emancipación de la mujer, tradicionalmente considerada insignificante en la cultura islámica. El sah se mostró inflexible a la hora de aumentar los derechos de las mujeres, permitiéndoles incorporarse cada vez más al mundo laboral y recibir educación pública. Incluso permitió la admisión de mujeres en la Universidad de Teherán tras su fundación en 1934. También impulsó leyes que liberaran a las mujeres del uso del tradicional chador, aunque esto se consideró demasiado radical y se encontró con la feroz oposición de los ulemas chiíes. Aunque los esfuerzos de Reza Shah en materia de derechos de la mujer tuvieron menos éxito que los de Ataturk, cuyas políticas impulsaron una sociedad muy igualitaria, el reinado de Reza Shah fue beneficioso para la emancipación y el sufragio de la mujer en Irán en la década de 1960.

En su empeño por promover un Estado-nación persa soberano, Reza Shah Pahlaví tuvo que enfrentarse en última instancia a la cuestión de la religión, que de un modo u otro había sido parte central de la historia iraní durante más de mil años. El sah consideraba el islam chií como el principal vínculo que compartía el pueblo persa y reconocía su importancia en la construcción del Estado y el desarrollo de la cultura y la identidad persas. Sin embargo, a pesar de que desde su llegada al poder afirmó que el chiísmo era uno de los pilares del Estado, el objetivo último del sah era afirmar el dominio del Estado sobre la religión. Muchos intelectuales liberales creían que el islam actuaba en resistencia a las aspiraciones del sah, al considerar que una religión extranjera había causado el subdesarrollo de Persia debido a la dependencia y adhesión del país a ella.

A diferencia de Turquía, Pahlaví no pudo lograr una separación completa entre Estado y religión, pero sin duda consiguió despojar a los ulemas de algunos de los privilegios que habían ostentado en el país durante mucho tiempo. Principalmente, reorganizó la burocracia y el sistema jurídico, lo que supuso una disminución del poder de los funcionarios religiosos en lo que respecta a las actividades no religiosas, aunque la sharía seguía respetándose y utilizándose como modelo para los procedimientos legales. La apertura de muchas instituciones educativas privadas y estatales y la posibilidad de que las mujeres asistieran a ellas también redujo la influencia del clero chií en estos asuntos. Aun así, el sah financió la creación de nuevos lugares religiosos. Promovió especialmente la ciudad de Qom como centro del islam chií, lo que complació a los ulemas, por lo demás no tan satisfechos.

La abdicación de Reza Shah

En conjunto, Reza Shah Pahlaví había elegido la trayectoria correcta para desarrollar el país. Aunque se enfrentó a cierta resistencia por parte de las fuerzas internas más conservadoras, su intento de formar un Estado-nación persa soberano tuvo bastante éxito. Sin embargo, además de ser un nacionalista reformista que contribuyó en gran medida a la tan necesaria modernización de Irán, Reza Shah no tardó en mostrar un lado mucho más oscuro. En primer lugar, Pahlaví fue capaz de acumular mucha riqueza personal gracias a sus políticas, las victorias contra las rebeliones que se alzaron contra él y los negocios entre bastidores.

Quizás incluso eclipsó las posesiones materiales de los últimos monarcas Qajar. Reza Shah procedía de un entorno pobre y no poseía riqueza real alguna, pero al final de su reinado había llegado a poseer cientos de miles de acres de tierra en distintas partes de Irán, así como una fortuna que, según se dice, el monarca guardaba a buen recaudo en bancos extranjeros.

Además de su riqueza personal a escala de dictador, las tendencias autoritarias, casi totalitarias, de Reza Shah se manifestaron en su conducta hacia algunas de las fuerzas opositoras durante su reinado, especialmente las que criticaban las políticas más exitosas del sah y no compartían sus valores nacionalistas de tendencia más radical. El reinado de Reza Shah fue testigo de la opresión y la intolerancia general hacia los grupos minoritarios y las comunidades y sociedades políticas marginadas. Por ejemplo, tras consolidar su poder y reorganizar el ejército, Reza Shah arrestó y exilió a muchos de los políticos del Majlis que se habían opuesto a su acceso al poder o a las reformas que proponía.

Al final de su reinado, el sah Pahlaví se había deshecho poco a poco de las figuras que le habían ayudado a llegar al poder para reforzar aún más su imagen de líder único del movimiento nacionalista. También monopolizó en gran medida el control estatal sobre muchos aspectos diferentes de la vida persa, no solo la economía, sino también la prensa, que fue censurada y se convirtió en una herramienta para difundir la propaganda nacionalista. El sah reprimió especialmente a los socialistas y comunistas del país, enviando a menudo a las fuerzas armadas y a la policía estatal para dispersar sus reuniones. Finalmente, prohibió sus partidos políticos y actividades en general.

El ocaso de Reza Shah Pahlaví comenzó a mediados de la década de 1930, no mucho después de que prosiguiera cada vez más sus políticas nacionalistas para formar una identidad nacional común entre el pueblo persa. Por supuesto, como ya hemos mencionado, algunos de los avances de este periodo, como la creación de nuevas instituciones educativas y la emancipación de la mujer, fueron pasos claramente progresistas. Sin embargo, fue como si Reza Shah se obsesionará pronto con su búsqueda del nacionalismo. Intentó simbolizar la modernización de Persia bajo su mandato de formas extrañas. Por ejemplo, insistió en que el país adoptara oficialmente el nombre de "Irán" en lugar de "Persia" como medio de mostrar la occidentalización del Estado. También se mostró cada vez más hostil hacia las naciones extranjeras que a veces criticaban sus acciones antidemocráticas.

Con el tiempo, como parte del esfuerzo por fortalecer la nación soberana iraní y reducir aún más la influencia de las grandes potencias en los asuntos internos del país, el sah entabló cada vez más relaciones estratégicas con la Alemania nazi. En la década de 1930, el Tercer Reich se convirtió en el mayor socio comercial de Irán. La decisión que mostraría claramente la actitud del sah hacia los británicos sería la cancelación de la concesión petrolera a la Anglo-Persian Oil Company en noviembre de 1932. El contrato, que se había firmado por un periodo de cincuenta años, no expiraba hasta dentro de tres décadas, por lo que no es de extrañar que Londres llevara el caso a los tribunales de la Sociedad de Naciones. Antes de que el tribunal pudiera tomar una decisión, Reza Shah accedió a firmar otra concesión en abril de 1933. No suponía una mejora significativa respecto a la anterior, ya que daba a Gran Bretaña acceso a un número reducido de yacimientos petrolíferos durante otros sesenta años.

Las nuevas conexiones alemanas se convertirían en objetivo de británicos y soviéticos en 1941, dos años después del comienzo de la Segunda Guerra Mundial y poco después de que Alemania declarara la guerra a la Unión Soviética. Al tener de nuevo el mismo enemigo común, Gran Bretaña y la URSS se convirtieron naturalmente en aliados y trataron de combatir a los fascistas allí donde podían, incluido Irán, donde percibían la creciente presencia alemana como una amenaza para los yacimientos petrolíferos británicos. Los Aliados no tardaron en lanzar un ultimátum, exigiendo la expulsión de todos los ciudadanos alemanes y el cierre de las empresas alemanas, algo que el sah se negó a hacer.

En respuesta, británicos y soviéticos coordinaron una ofensiva conjunta por sorpresa sobre Irán en agosto de 1941 para garantizar que las rutas de suministro no fueran tomadas por las fuerzas proalemanas del país. Reza Shah Pahlaví, presionado por ambos bandos y superado por ejércitos superiores, se vio obligado a abdicar y huir del país en septiembre.

Tanques soviéticos en Tabriz tras la invasión, 1941
https://commons.wikimedia.org/wiki/File:Soviet_tankmen_of_the_6th_Armoured_Division_drive_through_the_streets_of_Tabriz_(2).jpg

Irán en la Segunda Guerra Mundial

La invasión anglo-soviética de 1941, bautizada por los dos países como Operación Countenance condujo a otra partición de Irán en las esferas de influencia rusa (soviética) y británica. Las dos potencias decidieron finalmente colocar al hijo de Reza Shah, Mohammad Reza Khan, en el trono de Irán. Sin embargo, carecía de experiencia y no ostentaba ni de lejos tanto poder ni gozaba de tanto prestigio como su padre. Las potencias extranjeras dieron marcha atrás en muchos de los avances logrados bajo el reinado de Reza Shah, debilitando el ejército y el gobierno iraníes y explotando los ricos recursos del país en su propio beneficio.

Aun así, tener a Irán de su lado cambió las reglas del juego para los Aliados, que utilizaron el ferrocarril transiraní y la infraestructura mejorada del país para transportar millones de toneladas de ayuda del programa estadounidense Lend-Lease (ley de Préstamo y Arriendo) a la Unión Soviética, enviando municiones, armas, vehículos militares, alimentos, petróleo y otros suministros a Rusia a través del mar Caspio. Irán permaneció técnicamente neutral en la guerra y no aportó fuerzas.

Aunque Mohammad Reza Shah fue incapaz de resistirse a que los Aliados utilizaran su país como corredor para abastecer a Moscú, consiguió, sin embargo, ganarse una posición relativamente favorable ante las potencias extranjeras gracias a su cooperación o, más bien, a su falta de resistencia. Esto se confirmó en 1942 y 1943, después de que Irán firmara acuerdos con británicos, soviéticos y estadounidenses que obligaban a los Aliados a garantizar la seguridad y la soberanía de Irán durante toda la guerra, así como a retirar a su personal de las fronteras iraníes una vez finalizada esta. Los Aliados también prometieron apoyo financiero a Irán por sus contribuciones al esfuerzo bélico. En última instancia, esto provocó un mayor interés de Estados Unidos en Irán como posible socio comercial para el petróleo e hizo que los políticos iraníes invitaran cada vez más a los estadounidenses a participar en las actividades políticas y económicas del país.

Sin embargo, al final de la guerra, serían los soviéticos quienes intentarían desestabilizar la aparentemente pacífica situación de Irán. Tal vez preocupados porque los británicos y los estadounidenses querían socavar su presencia en Irán y alarmados por la concesión prevista de los yacimientos petrolíferos iraníes a Estados Unidos en 1944, los soviéticos exigieron que el gobierno iraní hiciera concesiones de yacimientos petrolíferos a Moscú en todos los territorios del norte ocupados por las tropas soviéticas tras la invasión de 1941. El Majlis, dirigido por el futuro primer ministro Muhammad Saed, se negó, afirmando que la discusión de posibles concesiones a países extranjeros estaba prohibida antes del final de la guerra. Los soviéticos presionaron aún más, ya que habían cultivado fuerzas comunistas y socialistas en Irán que habían sido reprimidas por Reza Shah. Para crear una sensación de caos, instigaron la creación de movimientos separatistas radicales y rebeliones en Azerbaiyán y Kurdistán a finales de 1945, dando lugar a lo que a menudo se denomina la primera crisis posterior a la Segunda Guerra Mundial y a la Guerra Fría.

En enero de 1946, Irán expuso su caso ante las recién creadas Naciones Unidas, acusando a la Unión Soviética de inmiscuirse en los asuntos nacionales iraníes y de no respetar su acuerdo. Tanto Gran Bretaña como Estados Unidos ya habían retirado sus fuerzas del sur de Irán. Apoyaron la petición y presionaron a los soviéticos para que cumplieran su parte del trato. Finalmente, en marzo de 1946, Moscú, enfrentado a un posible enfrentamiento armado contra sus antiguos aliados por un asunto relativamente poco importante (las provincias ocupadas por los soviéticos ni siquiera poseían petróleo), decidió sucumbir a la presión y retiró sus tropas de Irán. Fue una victoria nacional para los iraníes, que aparentemente se habían librado de las potencias extranjeras. Más tarde, ese mismo año, procedieron a derrotar a los movimientos separatistas comunistas kurdo y azerí, sin que los soviéticos estuvieran dispuestos a intervenir.

Auge y caída de Mohammad Mosaddegh

Los años de posguerra resultaron extremadamente beneficiosos para Mohammad Reza Shah, que de alguna manera consiguió ganar mucha tracción política y una posición favorable entre el pueblo iraní. Aunque había permanecido relativamente inactivo durante los procedimientos de negociación con los soviéticos y los británicos, el relativo éxito que logró Irán llevó a muchos a creer que era el sah quien estaba a cargo de las victorias diplomáticas. Esta opinión se vio reforzada cuando el sah dirigió sus fuerzas contra los azeríes y los separatistas kurdos en diciembre de 1946, ya que este movimiento lo retrató como un comandante militar capaz, aumentando aún más su prestigio. Este cambio en la imagen pública del sah también hizo que aumentara el número de conservadores monárquicos en el Majlis, lo que dio a Mohammad Reza la capacidad de aprobar leyes que impusieran el dominio del monarca sobre la asamblea. A finales de 1949, Mohammad Reza Shah gozaba de bastante popularidad en el país, aunque no ostentaba tanto poder autoritario como su padre.

Sin embargo, el dominio de las potencias extranjeras durante el periodo de guerra dio lugar a la creación de diferentes partidos, que ocuparon escaños en el Majlis e impulsaron sus propias visiones. Había tres partidos políticos principales en el Majlis que no apoyaban especialmente al sah: El Partido Tudeh, socialista y de izquierdas, especialmente popular entre los jóvenes y conocido por sus protestas callejeras organizadas; el Partido Fada-iyan-e islam, conservador, de extrema derecha y antisecularista, dirigido por una figura religiosa popular llamada Abol-Ghasem Kashani y conocido por atraer a simpatizantes radicales; y, por último, el Partido del Frente Nacional, dirigido por Mohammad Mosaddegh, que era una coalición de todas las facciones nacionalistas y antirrealistas que se situaban entre los dos extremos.

Mosaddegh era conocido y respetado en el espectro político por sus opiniones liberales y su decidida visión del país. Deseaba liberarse de las influencias extranjeras y fue el primero en lanzar la idea de cancelar la Anglo-Iranian Oil Company (AIOC). Quería nacionalizar todos los yacimientos petrolíferos del país, una idea que recibió un amplio apoyo de todos los grupos del Majlis.

El Frente Nacional pronto ganaría cada vez más adeptos, llegando incluso a formar una especie de alianza con el conservador Fada-iyan-e. Mosaddegh y Kashani se convirtieron en los dos principales defensores de impulsar la legislatura de la nacionalización del petróleo. Contaban con la ayuda de los activistas de Tudeh, que protestaban regularmente en las calles, presionando aún más al sah, que había sido acusado de ser pro-británico al no querer seguir adelante con la disolución de la AIOC. El sah respondió a estas manifestaciones nombrando primer ministro a un antiguo comandante militar, Ali Razmara. Razmara consiguió impulsar muchas leyes pro realistas con la ayuda de la mayoría del Majlis.

Aun así, el Frente Nacional exigió al primer ministro que considerara la idea de nacionalizar las reservas de petróleo del país en febrero de 1951. Razmara rechazó la propuesta. Esto provocó su asesinato por un miembro radical del Fada-iyan-e al mes siguiente, lo que creó una sensación de caos en el país. El caos dio lugar a más manifestaciones y a demandas más firmes del Frente Nacional para impulsar el proyecto de ley de nacionalización, que finalmente se aprobó a mediados de marzo, tanto en el Majlis como en el Senado, que también había estado dominado por monárquicos.

Con la presión en aumento, Mohammad Reza Shah se encontró con una feroz oposición y, en mayo, se vio obligado a aceptar la propuesta del Majlis de nombrar a Mosaddegh primer ministro, lo que marcó el inicio de un mandato de dos años muy influyente que tuvo inmensas consecuencias para el Irán moderno.

Primer ministro Mosaddegh

Tras su nombramiento, Mosaddegh disolvió inmediatamente la AIOC y la sustituyó por la National Iranian Oil Company (NIOC), lo que se consideró un nuevo triunfo del Irán nacionalista sobre los extranjeros imperialistas. Sin embargo, aunque la idea de la nacionalización del petróleo parecía realmente beneficiosa para los iraníes sobre el papel, la transición real resultó mucho más difícil en la práctica. Gran Bretaña, que había dependido especialmente de los ingresos de los yacimientos petrolíferos iraníes para su arruinada economía de posguerra, había advertido durante mucho tiempo de las catastróficas consecuencias a las que se enfrentaría el país si seguía adelante con la decisión, algo que no tuvo en cuenta el Frente Nacional, cuya principal motivación había sido socavar la autoridad del sah. Cuando Londres argumentó en La Haya y luego en el Consejo de Seguridad de la ONU que Mosaddegh había violado un acuerdo oficial entre los dos países e instó a la comunidad internacional a respaldar su postura, el primer ministro iraní defendió ferozmente a su país, obteniendo el apoyo del Tribunal Internacional de

Justicia y de la ONU, que dictaminaron que el asunto debería haberse resuelto entre los dos países por separado. Esto provocó una crisis nacional en Gran Bretaña, y el país recurrió a su héroe de guerra, el único Winston Churchill, para que lo salvara de la humillación internacional y resolviera la situación a favor de Londres.

El nuevo gobierno conservador británico respondió con dureza, haciendo prácticamente inútil la nacionalización del petróleo de Mosaddegh. Churchill era reacio a utilizar las fuerzas armadas que Gran Bretaña poseía en la zona, por lo que impuso una inmensa presión económica sobre Irán, cuya economía dependía en gran medida de la exportación de petróleo.

Tras la toma del poder por Irán, se prohibió a todos los empleados británicos seguir trabajando para la NIOC y fueron escoltados fuera del país por tropas británicas. Dado que los británicos habían explotado los yacimientos petrolíferos durante muchas décadas y constituían la inmensa mayoría de los trabajadores competentes de la AIOC, esto perjudicó enormemente la producción de la NIOC, ya que su mano de obra se redujo a locales sin experiencia. El gobierno de Churchill también congeló todos los activos iraníes en bancos británicos e impuso un boicot a todos los productos iraníes, seguido de un bloqueo de las exportaciones del país. Cuando Mosaddegh intentó pedir fondos prestados a Estados Unidos, Washington denegó la petición del primer ministro, algo que Churchill se había asegurado.

En conjunto, la reacción británica redujo aún más la ya de por sí difícil economía iraní. A finales de 1951, la influencia y el prestigio de Mosaddegh en el país se estaban desvaneciendo. El primer ministro iraní intentó recuperar apoyos manipulando a los 17 miembros del Majlis de forma que diera más poder a las clases de votantes que apoyaban a su partido, pero siguió sin conseguir la mayoría en la asamblea. En julio, tras la negativa del sah a nombrar al candidato de Mosaddegh como nuevo ministro de la guerra, este dimitió brevemente de su cargo antes de que el sah se viera obligado a traerlo de vuelta solo cinco días después tras la presión de las violentas manifestaciones en Irán, que se cobraron la vida de más de 250 manifestantes.

Sin embargo, en la segunda mitad de 1952, Mosaddegh hizo una reaparición política, defendiendo desesperadamente sus acciones e intentando permanecer en el poder. Aun con la impresión de que gozaba del apoyo popular, el primer ministro ganó suficientes adeptos en el

Majlis para concederse "poderes de emergencia" durante un periodo de seis años. Esto permitió a Mosaddegh controlar él solo prácticamente todo el país, aunque contó con la ayuda de sus aliados políticos en el Tudeh y el Fada-iyan-e.

Mosaddegh rechazó la propuesta británica de otro acuerdo petrolero. Incluso rompió las relaciones diplomáticas en octubre y arrestó a varias figuras iraníes pro-británicas. A continuación, redujo el presupuesto para la familia real, imponiendo su autoridad sobre el sah y obligando a exiliarse a la hermana de Mohammad Reza, políticamente muy abierta. A finales de año, el Majlis aprobó la prórroga de sus "poderes de emergencia" durante otros doce meses, lo que dio lugar a más medidas que aumentaron la autoridad del primer ministro e impulsaron sus políticas populistas para aumentar su apoyo.

Sin embargo, Mosaddegh trató de aumentar su propio poder e impulsó cada vez más políticas más izquierdistas, como la redistribución de tierras y fuertes impuestos a las clases altas, para apaciguar al Partido Tudeh, que había apoyado al primer ministro organizando manifestaciones callejeras una y otra vez. Los aliados políticos de tendencia más conservadora empezaron a retirar su apoyo. La desfinanciación del ejército también provocó que las fuerzas armadas se volvieran leales al sah, ya que lo veían como el verdadero líder del país. El apoyo interno también disminuyó debido al horrible impacto que las acciones británicas tuvieron en la economía iraní, con tasas de inflación que alcanzaron máximos históricos y una producción nacional en picado. Las decisiones de Mosaddegh disgustaban cada vez a más facciones dentro y fuera del país, aunque algunas de ellas habían simpatizado con sus aspiraciones iniciales de nacionalizar los yacimientos petrolíferos.

Los estadounidenses habían empezado a recelar del primer ministro iraní. Estados Unidos era un estrecho aliado de Gran Bretaña y criticó a Mosaddegh durante mucho tiempo. Sin embargo, lo que empujó a Washington a empezar a pensar en los peligros que podían surgir de Teherán fue la creciente influencia de la izquierda socialista de Tudeh. Estados Unidos temía que la hostil Unión Soviética pudiera interferir e instalar un gobierno izquierdista y prosoviético en lugar de Mosaddegh. Así, a principios de mayo de 1953, tras ver que Mosaddegh ejercía en exceso los poderes que él mismo le había otorgado, la CIA y el MI-6 británico empezaron a planear una operación conjunta bautizada con el nombre en clave de Operación Ajax para instigar un golpe de Estado en Irán y derrocar al primer ministro. Su plan consistía en agitar a la opinión pública contra Mosaddegh, especialmente en las provincias rurales y las tribus, difundiendo propaganda y pagando a personas para que se hicieran pasar por sus partidarios durante las protestas y así hacer creer al primer ministro que tenía más apoyo público del que realmente tenía. La CIA comunicó entonces el asunto a Mohammad Reza Shah, que aceptó a regañadientes llevar a cabo el plan.

Para entonces, Mosaddegh ya sospechaba que las fuerzas internas estaban urdiendo una conspiración contra él y trató de reprimir a cualquiera que pensara que se le oponía. El primer ministro decidió celebrar en julio un referéndum nacional para disolver el Majlis. Las papeletas para el referéndum no eran secretas, ya que había urnas separadas para votar en contra o a favor de la propuesta. Las urnas estaban custodiadas por fuerzas leales a Mosaddegh, lo que ayudó a la CIA a presentar a Mosaddegh como un gobernante no democrático y totalitario que no se preocupaba por su pueblo. Como era de esperar, con más del 99% de los votos a favor de disolver el Majlis, el referéndum otorgó aún más poder al primer ministro. El sah creyó que el golpe había fracasado y huyó del país. Esto hizo que Mosaddegh hiciera campaña abiertamente por la abolición de la monarquía, lo que provocó más manifestaciones en agosto. Sus partidarios derribaron las estatuas de Reza Shah, lo que también contribuyó irónicamente a la causa de la CIA.

Pero, en realidad, la mayoría de los manifestantes eran personas pagadas por la CIA para hacerse pasar por izquierdistas radicales. Si no hubieran estado allí, la protesta real no habría sido tan grande ni amenazadora. Mosaddegh creía que los radicales no solo intentaban abolir la monarquía, sino también derrocarle, y ordenó a los contingentes del ejército que le eran leales que reprimieran a los activistas. El 19 de agosto quedó claro que la operación de la CIA había tenido éxito, ya que miles de manifestantes contrarios a Mosaddegh salieron a la calle, asaltando edificios gubernamentales y provocando disturbios. Pronto, a los manifestantes, liderados por destacados activistas locales como Shaban Jafari, se les unieron las fuerzas armadas monárquicas dirigidas por el general Fazlullah Zahedi, que había estado en comunicación con la CIA y sabía perfectamente que el golpe estaba en marcha. Motivados y financiados por las fuerzas de inteligencia extranjeras, los manifestantes asaltaron la residencia de Mosaddegh y lo capturaron. El sah regresó a Teherán el 22 de agosto y nombró a Zahedi nuevo primer ministro.

Celebración en Teherán tras el golpe de Estado de 1953

El golpe de 1953 consiguió deshacerse de uno de los líderes más ambiciosos que Irán había visto jamás. Mohammad Mosaddegh pasaría el resto de sus años en el exilio bajo arresto domiciliario y moriría poco después del golpe. A día de hoy, sigue siendo un ejemplo clásico de alguien que se corrompió por tener demasiado poder. Utilizó la confianza de gran parte del pueblo iraní de una forma que poco benefició al país, aunque al principio de su lucha política tenía buenas intenciones. Aunque había luchado para poner fin a la descarada explotación de su país y sus recursos por una potencia extranjera, Mosaddegh resultó no ser lo bastante fuerte para enfrentarse al poderío de estadounidenses y británicos, que procedieron a influir en el nuevo primer ministro para que llegara a un nuevo acuerdo sobre las concesiones petrolíferas. A pesar de que Mosaddegh acabó cayendo por su propio deseo de conseguir más poder y tenía claras tendencias autoritarias, el golpe de 1953 sigue profundamente arraigado en la mente del pueblo iraní como un caso más en el que su país se convirtió en víctima de la intervención extranjera.

Después de Mosaddegh: La Revolución Blanca

La nueva administración del primer ministro Zahedi había sido nombrada esencialmente por la CIA, por lo que no es de extrañar que estadounidenses y británicos se beneficiaran principalmente de las políticas que se aplicaron inmediatamente después de la desaparición de Mosaddegh. Aunque el resto de la década sería relativamente más tranquila para Irán y a partir de los años sesenta tendrían lugar procesos políticos más influyentes, la década de 1950 fue testigo de algunos cambios importantes. En 1954, por ejemplo, Irán llegó a un nuevo acuerdo sobre sus reservas de petróleo. A cambio de inversiones estadounidenses, compensaciones a la AIOC y obligaciones contractuales con empresas extranjeras, las reservas de petróleo del país volvieron a nacionalizarse por completo, y se recicló a más empleados iraníes para impulsar la producción. La influencia estadounidense se hizo aún más patente con la disposición de Irán a participar en nuevos tratados multilaterales, principalmente el Pacto de Bagdad de 1955, también conocido como CENTO, por el que Teherán estableció una alianza militar defensiva con Turquía, Pakistán e Irak. Dos años más tarde, con la creación de una nueva institución de servicios secretos apodada SAVAK, el Irán, influenciado por Estados Unidos, incrementó sus esfuerzos de represión contra los grupos de extrema izquierda del Tudeh, apaciguando aún más a Estados Unidos, partidario de una guerra total contra el socialismo y el comunismo.

En 1960, el debilitamiento de la oposición política en el país se tradujo en la creciente influencia del sah, que consiguió consolidar su poder hasta un nivel comparable al de su padre. El Majlis, que se disolvería en 1961, estaba dominado por dos partidos conservadores abiertamente favorecidos por el sah. Un año después, en 1962, los ministros del sah propusieron la Ley de Reforma Agraria, que obligaba a los mayores terratenientes a vender sus tierras al gobierno para que este las redistribuyera. En 1963, Mohammad Reza Shah declaró su intención de llevar a cabo una reforma completa de la sociedad y la economía iraníes. Quería impulsar una mayor modernización, industrialización y desarrollo urbano y crear un superávit económico.

La Revolución del Sah y el Pueblo, también conocida como la Revolución Blanca, fue lanzada por el sah en enero de 1963. Tenía veinte puntos u objetivos que quería alcanzar, seis de los cuales se pusieron en práctica justo en el momento de la proclamación: la reforma de redistribución de la tierra, que permitía a los miembros de las clases bajas comprar las tierras incautadas a precios más bajos y tipos de interés más bajos para aumentar su propia riqueza; la nacionalización de todos los bosques del país; la venta de fábricas y empresas de producción estatales para promover la creación de nuevas empresas e industrias privadas; el llamado plan de "reparto de beneficios" para los trabajadores, que les permitía obtener beneficios adicionales a sus salarios; la decisión crucial de conceder a las mujeres el derecho al voto; y, por último, la creación de un cuerpo de alfabetización para impulsar la educación pública en todo el país, especialmente en las zonas no urbanas. Tras lanzar un referéndum público, que triunfó con más de cinco millones de votos a favor (no más de cinco mil votos en contra), la Revolución Blanca estaba en marcha.

Aunque se suponía que el ambicioso conjunto de reformas modernizaría el país, se encontró con una feroz oposición. Por supuesto, los cambios propuestos beneficiaron al país en muchos aspectos. Cientos de miles de nuevas familias adquirieron tierras a bajo precio y salieron de la pobreza. La condición social de la mujer mejoró mucho y la reforma educativa tuvo efectos positivos en la población rural, que antes no tenía acceso a la escuela. Diferentes grupos sociales se opusieron a la Revolución Blanca, sobre todo los ulemas.

La élite religiosa era la más disgustada con el sah, y algunos de sus problemas derivaban de los nuevos derechos concedidos a las mujeres, que iban en contra del islam tradicional. Además, las reformas del sha también minaron su poder e influencia en la sociedad iraní. Muchas comunidades rurales, por ejemplo, habían sido educadas anteriormente por figuras religiosas que educaban a los jóvenes con conocimientos y respeto hacia el islam chií. Los cuerpos de alfabetización se encargaron de educar a los niños. Las reformas agrarias también afectaron a los ulemas, que habían dependido de los ingresos del *waqf* (parcelas de tierra donadas por sus seguidores al estamento religioso).

Mohammad Reza Shah Pahlaví repartiendo documentos sobre las nuevas reformas durante la Revolución Blanca
https://commons.wikimedia.org/wiki/File:Mrplandreform1.jpg

En las primeras semanas, tras la proclamación de la revolución, estallaron diferentes protestas en todo el país. Las protestas fueron rápidamente reprimidas por las fuerzas del sah. Los críticos de las reformas del sah se manifestaron por todo el país. Un líder religioso y profesor de qom llamado Ruhollah Jomeini criticó duramente el debilitamiento de la influencia de los ulemas por parte de Mohammad Reza. Sus comentarios atrajeron rápidamente la atención del gobierno del sah, y la SAVAK procedió a asaltar su escuela y arrestarlo. Jomeini se exilió más tarde, pasando su tiempo en distintos países de Oriente Medio y Europa, pero sin dejar nunca de implicarse activamente en los asuntos iraníes.

Paralelamente al ambicioso programa de Mohammad Reza Shah, que preveía avances en las esferas social, política y económica de Irán, también aplicó cada vez más políticas autocráticas. Después de 1963, el sah trabajó incansablemente para presentarse como el sucesor de los grandes monarcas persas, como Ciro el Grande. Se presentó como una especie de salvador digno de la confianza del pueblo. En 1967, organizó su ceremonia oficial de coronación en Teherán, asumiendo el antiguo título de *shahanshah* para subrayar aún más su estatus. A esto siguió su proclamación de los 2.500 años ininterrumpidos de monarquía persa, un acontecimiento nacional que se celebró fastuosamente en 1971 en Persépolis para conmemorar la fundación del Imperio aqueménida. Esta descarada propaganda narcisista fue acompañada de otras decisiones encaminadas a aumentar su poder directo, como el reforzamiento del ejército.

Aunque Mohammad Reza Shah había dejado poco a poco de ser literalmente una marioneta de Estados Unidos, la amenaza de la influencia y la invasión soviéticas bastó para que Washington vendiera a Irán una cantidad ingente de armas, hasta el punto de que el país acumuló una de las mayores fuerzas armadas del mundo a mediados de la década de 1970. Con el aumento del poderío del ejército y la reducción de la presencia británica en Oriente Próximo, el sah autorizó una intervención militar durante una guerra en Omán, donde Irán luchó para suprimir a los socialistas. El aumento de los ingresos procedentes de las exportaciones de petróleo, tras la redefinición del precio del petróleo después de la guerra entre Egipto, Siria e Israel, supuso una gran ayuda para el sah. El nuevo precio casi sextuplicó el precio de un solo barril de petróleo, convirtiendo la industria en la empresa más rentable de Irán.

En la segunda mitad de la década de 1970, los problemas de la Revolución Blanca empezaron a hacerse patentes, afectando significativamente a las vidas de la mayoría del pueblo iraní de un modo u otro y forzándoles a desarrollar simpatías anti-Shah. La ambiciosa naturaleza de las reformas de modernización simplemente no podía ser soportada por la infraestructura y los recursos de Irán. Por ejemplo, a pesar de contar con grandes recursos energéticos, la mayor parte del país no tenía un acceso fiable a la electricidad, incluida Teherán, que sufría apagones periódicos. La economía tampoco pudo hacer frente a la afluencia de efectivo procedente del aumento de los precios del petróleo, lo que provocó altos niveles de inflación y una crisis económica final, aunque, en términos generales, el iraní medio se enriqueció tras la Revolución Blanca. La reforma agraria también pareció un fracaso, ya que la producción agrícola disminuyó y cada vez más campesinos abandonaron sus fincas y se trasladaron a los centros urbanos, lo que provocó disturbios y superpoblación. Esto, unido al aumento del sentimiento de xenofobia en la población debido a la cooperación del sah con países que antes se consideraban antiguos enemigos, produjo una reacción fundamental que, una vez más, alteró enormemente el curso de la historia iraní.

Capítulo 10 – La República Islámica de Irán

Revolución Islámica

Poco a poco, el descontento entre los ciudadanos fue creciendo. A principios de 1978, era fácil ver el caos que se había creado en el país debido a las acciones del sah. Las medidas cada vez más autoritarias, como la supresión de los partidos de la oposición y el debilitamiento del Majlis y los ulemas, provocaban cada vez más críticas, no solo de los iraníes, sino también del extranjero, ya que la comunidad internacional reconocía el efecto que tenían las reformas de Mohammad Reza. La situación solo necesitaba una chispa. Por desgracia para el sah, a principios de 1978 se producirían múltiples acontecimientos que darían lugar a otra oleada de protestas masivas y, finalmente, a lo que se ha dado en llamar la Revolución Islámica.

Sin embargo, toda revolución necesita un líder, un personaje destacado capaz de expresar el descontento del pueblo. Los iraníes encontraron a su líder en el ayatolá Ruhollah Jomeini, quien, a pesar de haber sido exiliado del país en 1964 por sus críticas al sah, nunca había dejado de señalar la terrible naturaleza del reinado de Mohammad Reza y las preocupaciones que le inspiraba el futuro desarrollo del país. Los comentarios populistas de Jomeini fueron rápidamente apoyados por los iraníes chiíes conservadores y los liberales laicos, que se habían cansado de los derroches, la improductividad y el autoritarismo del sah y deseaban que su reinado llegara a su fin.

Así, con el creciente descontento y el aumento de la voz de los ulemas, socavada durante años desde la Revolución Constitucional de principios de siglo, la institución religiosa volvió a convertirse en una fuerza destacada y a unir a la mayoría del pueblo. La creciente revolución atrajo a muchos iraníes, incluidos los que criticaban la naturaleza antidemocrática del gobierno de Mohammad Reza Shah, los que mantenían posturas xenófobas y no gustaban de las influencias extranjeras en Irán, y los iraníes más conservadores, que veían en los ulemas una fuerza necesaria para guiar a Irán fuera de la crisis.

Ayatolá Ruhollah Jomeini
https://commons.wikimedia.org/wiki/File:Ruhollah_Khomeini_portrait_1.jpg

En enero de 1978, el gobierno se percató de una peculiar alianza entre distintos tipos de manifestantes y condenó a los grupos que pronto serían revolucionarios con un artículo en un periódico de Teherán, afirmando que carecían de moral y compartían objetivos. El artículo describía a Jomeini como un espía extranjero que quería utilizar al pueblo iraní en su propio beneficio. Este fue el primer clavo en el ataúd del gobierno de

Mohammad Reza Shah, ya que miles de simpatizantes de Jomeini salieron a la calle. Las protestas estallaron en los principales lugares de reunión pública, como los bazares centrales de las grandes ciudades. La mayoría de los activistas eran estudiantes religiosos que compartían los mismos puntos de vista chiíes conservadores que Jomeini, aunque se les unieron grupos más pequeños, menos derechistas, que se habían visto afectados negativamente por las reformas del sah y deseaban verlo perecer. Además, fueron incentivados por el propio Jomeini, que continuó predicando desde su exilio en Irak que el país necesitaba una guía religiosa bajo un "jurista supremo", noción que fue rápidamente respaldada por sus simpatizantes.

La respuesta del gobierno fue la que cabría esperar de un líder autocrático que siente que el poder se le escapa de las manos: una dura represión policial y una violenta represión de las protestas callejeras, que se saldó con la muerte de cientos de personas al final de la revolución. Sin embargo, las acciones de la SAVAK, controlada por el sah, no acabaron con los activistas, y la muerte de sus compatriotas suscitó la sensación de que habían muerto por una causa noble, ya que se les consideraba mártires de una revolución justa. Esto es significativo, por el hecho de que la cultura islámica hace hincapié en el papel del martirio. Es probable que esta idea alimentara a los manifestantes, cuyo número aumentaba con cada manifestación.

Cuando el sah no permitió la conmemoración pacífica de los manifestantes fallecidos, que se habían reunido cuando habían transcurrido cuarenta días desde la muerte de los primeros manifestantes (de acuerdo con las tradiciones chiíes), los activistas se indignaron aún más. Pronto quedó claro que todos los grupos, independientemente de sus opiniones políticas o su postura económica, se unían bajo la bandera de su religión. Los dirigentes chiíes se erigieron en los líderes generales de la revolución.

A mediados de 1978, las protestas eran continuas en las grandes ciudades, cada vez más numerosas y con violentos enfrentamientos con la policía estatal. Mohammad Reza Shah declaró la ley marcial en septiembre, asumiendo el control total del Estado (si no lo había hecho ya) como comandante supremo de sus fuerzas y radicalizando a muchos más de sus oponentes. También pidió al líder iraquí, Sadam Husein, que expulsara al ayatolá Jomeini de su país en octubre, aceptando que el jurista religioso se refugiara en París.

Sin embargo, la llegada de Jomeini a Francia tuvo consecuencias nefastas para el sah. Mohammad Reza esperaba que cesaran las estrechas comunicaciones entre Jomeini y los revolucionarios tras su marcha del vecino Irak. En lugar de ello, Jomeini contó con la ayuda de muchas personas iraníes y no iraníes de ideas afines en Francia para continuar con su predicación, y el vínculo entre él y los manifestantes en Irán no hizo más que reforzarse. A finales de octubre, a medida que la situación se hacía cada vez más insoportable, los trabajadores locales empezaron a declararse en huelga, paralizando las industrias nacionales, incluida la producción de petróleo, lo que perjudicó considerablemente la posición del sah. El sah se dio cuenta de que lo inevitable se le venía encima, como había sucedido con otros dictadores antes que él. Pero ya era demasiado tarde.

A finales de año, Teherán, Tabriz, Qom y otras ciudades importantes estaban llenas de manifestantes, y otras actividades cívicas habían cesado casi por completo. La policía no podía con los cientos de miles de personas unidas por una causa común: deshacerse del sah. En enero de 1979, un año después del inicio de las grandes protestas, el sah y su familia huyeron del país, declarando oficialmente que se iban de vacaciones reales al extranjero. Los revolucionarios sabían que la victoria estaba cerca, ya que el gobierno establecido durante la ausencia de Mohammad Reza era incapaz de hacer nada. El 1 de febrero, alrededor de un millón de personas se congregaron en las calles de Teherán, exigiendo la disolución del gobierno y la abdicación del sah. El ayatolá Ruhollah Jomeini llegó a la capital, uniéndose a los manifestantes. A finales de mes, las fuerzas armadas se dieron cuenta de que luchaban por el bando perdedor y declararon su neutralidad. El gobierno también se rindió. La Revolución Islámica había triunfado.

Irán posrevolucionario

Tras su triunfo y la huida del sah, los revolucionarios empezaron a hacerse poco a poco con el control del país, y Jomeini, por supuesto, se erigió en su líder natural, a pesar de no tener experiencia política alguna. A finales de marzo, organizó un referéndum nacional, que votó abrumadoramente a favor del establecimiento de una república islámica en lugar de la monarquía.

Aunque Jomeini había sido considerado el líder del movimiento y la mayoría de los activistas habían luchado bajo la bandera del islam chií contra el régimen corrupto de Mohammad Reza, la proclamación de la

República Islámica de Irán acabó provocando divisiones entre los revolucionarios más conservadores y los secularistas-liberales. La cuña que se había abierto entre estos dos grupos de activistas se ensanchó aún más con la descarada promoción de la propaganda antioccidental por parte de Jomeini, la condena de los principios democráticos y la purga de cientos de simpatizantes laicistas.

Poco después del referéndum, Jomeini y sus partidarios reforzaron su dominio creando varias instituciones gubernamentales que afirmaban la importancia del islam en el país y que fueron utilizadas por Jomeini para acumular más poder. Con el tiempo, surgieron en todo el país, sobre todo en Juzestán y Kurdistán, movimientos revolucionarios separados, basados no solo en motivos ideológicos, sino también étnicos. El gobierno islámico acabó con ellos.

Aunque la revolución había sido percibida por muchos como un medio para acabar con el régimen autoritario del sah, pronto quedó claro que Jomeini había establecido un régimen relativamente opresivo, ya que utilizó su poder para alterar enormemente el panorama social y político del país. Hay que recordar que los revolucionarios se hicieron con el control de un país básicamente paralizado en todos los aspectos, con el cese de casi todas las actividades económicas y el colapso total de las instituciones gubernamentales. Esto dio un poder prácticamente ilimitado a Jomeini y sus simpatizantes, que se apresuraron a imponer un régimen islámico casi totalitario, patrullando las calles y obligando a la gente a comportarse y vestirse a la manera tradicional chií.

Una de sus primeras decisiones fue la retracción de muchos derechos y libertades de las mujeres, algo que había sido un punto central de protesta para los grupos conservadores religiosos. Para imponer su autoridad, Jomeini creó también su propia fuerza policial, el Cuerpo de la Guardia Revolucionaria Islámica, compuesta por voluntarios y fanáticos devotos de la causa de Jomeini.

Manifestantes durante la Revolución Islámica con una pancarta en la que se lee "Queremos un gobierno islámico, dirigido por el imam Jomeini"

Como "líder supremo" o rahbar, Jomeini asumió una posición especial, ajena al gobierno republicano y a la Constitución, que le daba casi carta blanca en los asuntos del país. Esto le permitió continuar su ofensiva contra todo lo que simbolizara la influencia occidental en Irán, que finalmente culminó con manifestaciones en la embajada de Estados Unidos en Teherán en noviembre de 1979. Los manifestantes exigían que Mohammad Reza Shah fuera expedientado por los estadounidenses, ya que el sah en el exilio estaba recibiendo tratamiento contra el cáncer en Estados Unidos en ese momento. Tal vez temiendo que Mohammad Reza pudiera estar planeando otro golpe de Estado con la CIA para volver al poder, como había hecho en 1953, los manifestantes asaltaron el edificio de la embajada, tomando como rehenes a sesenta y seis ciudadanos estadounidenses, algo que se ha dado en llamar la crisis de los rehenes de Irán.

Si las relaciones entre Irán y Estados Unidos no se habían visto ya afectadas por la toma de partido conservadora y antioccidental de la Revolución Islámica, la crisis de los rehenes tensó la relación entre ambos hasta su punto de ruptura, obligando a Washington a adoptar una actitud recelosa hacia Teherán, que no ha desaparecido desde entonces. Tras cerca de un año de maniobras políticas y negociaciones, duras sanciones de la administración de Jimmy Carter y presiones de la comunidad internacional (que acabaron por completo con la ya menguante economía iraní), los rehenes fueron liberados en enero de 1981.

Dos manifestantes armados frente a la embajada estadounidense
https://commons.wikimedia.org/wiki/File:Enghlab_Iran.jpg

Aparte de la crisis de los rehenes, la supresión de grupos minoritarios y de la oposición, la adopción de lo que muchos han llamado medidas totalitarias y la imposición de un modo de vida islámico más tradicional, el Irán posrevolucionario de Jomeini también vio cómo el país se veía arrastrado a una guerra con su vecino, Irak. La justificación oficial de la invasión iraquí en septiembre de 1980 fueron las disputas fronterizas que ambos países mantenían desde hacía varias décadas. Pero en realidad, Sadam Husein pretendía apoderarse de la provincia iraní más occidental, Juzestán, una región rica en petróleo que también albergaba la mayor población árabe del país. Hussein vio la situación de inestabilidad que se había creado en Irán debido a las duras medidas que había implantado Jomeini, por lo que creyó que era un buen momento para hacer la guerra, sobre todo porque Irán había perdido sus estrechos vínculos con potencias extranjeras que podían intervenir en el conflicto de su lado.

Hussein esperaba una victoria rápida y decisiva, pues creía que Jomeini no tenía tiempo para responder adecuadamente a la invasión, ya que estaba ocupado consolidando su poder en Teherán. Además, el ejército iraní se había desorganizado enormemente a causa de la Revolución Islámica. Inmediatamente después del inicio de la guerra, las fuerzas iraquíes avanzaron considerablemente hacia sus objetivos y ocuparon importantes zonas del suroeste y el oeste de Irán.

Sin embargo, a pesar de las esperanzas de Hussein, la guerra resultó ser exactamente lo que Jomeini y los revolucionarios necesitaban para dejar a un lado sus diferencias y unirse contra un enemigo común. Dirigido por el líder supremo Jomeini, el pueblo se unió en torno al gobierno islámico, con el recién creado Cuerpo de la Guardia Revolucionaria a la cabeza. El cuerpo fue trasladado de las ciudades al frente y sustituyó esencialmente a la mayoría de las fuerzas armadas iraníes. La guerra es una buena herramienta para explotar las debilidades internas de tu enemigo, pero también es una excusa para detener los conflictos internos con el fin de hacer frente a un desafío externo mayor, que fue lo que ocurrió con el pueblo iraní.

Tras unos meses de encarnizados combates, las fuerzas iraníes reconquistaron los territorios perdidos e incluso se adentraron en el este de Irak en el verano de 1982. Los dos bandos combatieron sin descanso, atacando no solo complejos militares, sino también casas civiles, centros urbanos y refinerías de petróleo, tratando de debilitarse mutuamente todo lo posible. Jomeini y el gobierno islámico utilizaron la guerra para consolidar aún más su dominio sobre el país, erigiéndose en líderes frente a un invasor suní extranjero. La comunidad internacional no pudo hacer otra cosa que observar cómo los dos países de Oriente Medio se destruían mutuamente.

Tras la contraofensiva iraní de 1982, la guerra se estancó durante seis años. Aunque los combates nunca cesaron realmente, ninguno de los dos bandos decidió comprometer todas sus fuerzas. Jomeini había conseguido mantenerse firme, para sorpresa de Hussein. Jomeini utilizó irónicamente gran parte del equipo y las armas estadounidenses para combatir a los iraquíes. En cuanto a Estados Unidos, Washington movilizó algunas de sus fuerzas en los estados del Golfo, ya que la guerra había supuesto una carga para las exportaciones de petróleo de la región.

Un acontecimiento crucial fue el derribo accidental del vuelo 665 de Iran Air, un vuelo nacional de pasajeros, en julio de 1988 por un crucero estadounidense, que había supuesto erróneamente que el avión era un jet hostil. El incidente costó la vida a unas trescientas personas y pronto se convirtió en otro caso de injerencia extranjera cancerígena, al menos a los ojos del pueblo iraní.

En cuanto a la guerra en sí, las dos partes acordaron un alto el fuego mediado por la ONU a finales del verano de 1988, sin que ninguno de los dos países consiguiera nada significativo, ya que ambos volvieron a sus fronteras anteriores a la guerra. Aunque técnicamente la guerra no fue una victoria, permitió a Jomeini sofocar y deshacerse de gran parte de la resistencia interna que se había desatado en respuesta a sus medidas autoritarias.

En definitiva, la Revolución Islámica fue la culminación de una serie de luchas de poder entre las fuerzas internas de Irán a lo largo del siglo XX. Sin embargo, la era del ayatolá Ruhollah Jomeini, el líder supremo y una de las figuras públicas iraníes más populares de la historia del país, quizá no logró los resultados que se habían prometido antes de que tuviera lugar la revolución. Con el paso de los años y a medida que Jomeini aplicaba medidas cada vez más radicales para asegurar su poder total, se hizo evidente que Irán seguía sin ser todo lo próspero que podría ser. Aunque la monarquía absoluta de Muhammad Reza Pahlaví había desaparecido, había sido sustituida por un régimen igualmente autocrático. La calidad de vida del pueblo iraní no mejoró realmente, algo de lo que muchos no tardaron en darse cuenta.

Ruhollah Jomeini, el imam revolucionario que había instaurado la República Islámica de Irán y devuelto al país a sus costumbres chiíes tradicionales, murió en junio de 1989, pero el régimen que había construido persistiría.

Irán contemporáneo

Entramos ahora en la era final de Irán, que comenzó en gran medida tras la muerte de Ruhollah Jomeini y su sustitución como líder supremo, Ali Jamenei, que anteriormente había ejercido como presidente del país. Jamenei fue elegido por Jomeini antes de su fallecimiento y, en el momento de escribir estas líneas, sigue ejerciendo como líder supremo. Aunque Jamenei puede hacer muy poco para eclipsar a su predecesor en cuanto a logros, su mandato ha sido testigo del fortalecimiento de la posición de Irán como poderoso actor internacional y regional, así como del desarrollo de un sistema político que sigue dominado por la autoridad religiosa.

En la actualidad, Irán se encuentra en una situación difícil, ya que el resto del mundo se ha vuelto más liberal, secular y democrático que nunca. De hecho, los procesos políticos en Irán desde la muerte de Jomeini han estado dominados por el enfrentamiento entre la mayoría conservadora, que apoya los fundamentos religiosos del país, y una minoría más liberal, que empuja hacia una mayor modernización y estabilización de las relaciones exteriores.

Líder supremo Ali Jamenei

Tras el "ascenso" de Jamenei a líder supremo desde la presidencia, Ali-Akbar Hashemi Rafsanjani se convirtió en el nuevo presidente del país durante dos mandatos consecutivos de cuatro años, finalizando su mandato en 1997. Considerado por muchos un ejemplo de "conservadurismo pragmático", el mandato de Rafsanjani se caracterizó por su impulso a la reactivación económica del país, ya que la nación había sufrido mucho. Para ello, puso fin al control del Estado sobre diversas industrias nacionalizadas y fomentó una mayor participación pública en la economía para aumentar la riqueza privada. Aunque Rafsanjani era técnicamente un conservador (se oponía a Occidente en muchos aspectos, como la participación de Estados Unidos en la guerra del Golfo Pérsico), no contaba con el favor de los grupos religiosos conservadores, pues creían que sus políticas contribuían a la pérdida del firme control que habían ejercido sobre el país.

Sin embargo, algunos de los procesos que tuvieron lugar en la década de 1990 no fueron propiciados realmente por Rafsanjani y el gobierno; los avances tecnológicos se introdujeron en el país durante este periodo, lo que a la postre condujo al fomento de una cultura política más partidaria de mejorar las relaciones con Occidente. En este sentido, los principales defensores de una mayor occidentalización eran adultos jóvenes que eran demasiado jóvenes para recordar el régimen de los Pahlaví o la Revolución Islámica y simplemente querían vivir en un país próspero que disfrutara de los mismos beneficios que otras sociedades occidentales. Durante este periodo, también aumentó la conciencia mundial sobre las medidas antidemocráticas y autoritarias y las violaciones de los derechos humanos del Irán posrevolucionario, lo que llevó a muchos actores internacionales a exigir la creación de una sociedad más libre, lo que sencillamente no era posible mientras los ulemas chiíes mantuvieran su firme control sobre el país.

El creciente impulso de cambio se manifestó en las elecciones presidenciales de 1997. Mohammad Jatamí, un reformista más liberal, salió victorioso, algo que supuso una desagradable sorpresa para las fuerzas conservadoras al frente del país. Ganador con más de dos tercios de los votos, Jatamí había prometido a sus votantes cambios sociales que alterarían positivamente algunas de las restricciones que se habían impuesto. Principalmente, deseaba reducir la censura estatal e impulsó la reducción de la influencia religiosa en los asuntos de Estado, aunque el gobierno conservador se opuso en gran medida a este empeño.

Jatamí no era en absoluto un izquierdista radical que impulsara reformas contrarias a la clase dirigente religiosa. Por el contrario, era un moderado que intentaba equilibrar sus políticas para apaciguar a la mayoría del país. Sin embargo, el líder supremo Jamenei interfería en la aplicación de los cambios. Esto quedó aún más claro cuando los reformistas arrasaron en las elecciones locales de 1999, ganando la mayoría de los escaños en los gobiernos locales. La policía, controlada por Jamenei, reprimió a los simpatizantes anticonservadores del presidente, en su mayoría jóvenes. Las protestas estudiantiles fueron reprimidas en todo el país. Incluso después de ser reelegido en 2001, Jamenei no pudo imponer su programa en el parlamento conservador, y las elecciones de 2005 hicieron que sus esfuerzos fueran casi completamente inútiles.

En 2005, la dinámica de poder volvió a cambiar en Irán, ya que el conservador Mahmud Ahmadineyad se alzó con la victoria en las elecciones presidenciales, y en 2006, tras jurar su cargo, besó la mano del líder supremo Jamenei. Ahmadineyad, que contaba con el pleno apoyo de Jamenei, consolidó aún más el control del Estado sobre la vida del pueblo iraní, aplicando duras medidas de censura. Su primer mandato coincidió también con el crecimiento del poder regional de Irán después de que la intervención estadounidense en Irak provocara el derrocamiento del totalitario Sadam Husein, viejo rival de Teherán.

Sin embargo, el mandato de Ahmadineyad se vio afectado por las altas tasas de inflación provocadas por otra serie de sanciones económicas de la comunidad internacional, que sospechaba que Irán estaba desarrollando su propio programa de armas nucleares. Las acusaciones afirmaban que Teherán había refutado los compromisos que había contraído con el Organismo Internacional de la Energía Atómica, citando pruebas del creciente interés de Teherán por la investigación nuclear y la apertura de centrales nucleares y minas y refinerías de uranio. El embargo impuesto por muchos países a Irán provocó dificultades económicas difíciles de superar para Ahmadineyad, que afectaron a su posición en el país y acabaron provocando la elección de Hassan Rouhani como nuevo presidente en 2013.

Conclusión

Pocos países pueden presumir de tener una historia tan apasionante e intrigante como Irán. Situado en Asia occidental, en la región que rodea los montes Zagros, entre el mar Caspio al norte y el golfo Pérsico al sur, Irán ha albergado diferentes civilizaciones durante miles de años. Desde la prehistoria hasta la creación de la República Islámica de Irán en su forma moderna, la historia de Irán está llena de momentos memorables y acontecimientos que dieron forma al país y a sus gentes. Dominado por la guerra constante, la lucha por la libertad y la supervivencia, y la voluntad de mantener su rica e importante cultura, el pueblo iraní perseveró.

Lo que hace que el caso de Irán sea tan diferente del de otros países con ricas historias es el hecho de que las civilizaciones que habitaron la región fueron todas muy relevantes durante sus respectivas épocas, incluso en tiempos remotos. No es de extrañar que la fundación y posterior dominio de la Persia aqueménida se considere una de las épocas doradas de la historia iraní, ya que fue, siendo realistas, la primera vez que un avanzado imperio persa pudo dominar la región que se extendía desde Anatolia hasta la actual India. Incluso llegó a controlar territorios en Levante y Egipto. Desde Ciro el Grande hasta Darío el Grande, pasando por la conquista de Persia por Alejandro, su helenización bajo los seléucidas, la aparición de los partos y, más tarde, de los sasánidas, los aproximadamente mil años transcurridos hasta el comienzo de la Edad Media estuvieron repletos de emocionantes acontecimientos sociales y políticos. Una multitud de culturas y religiones diversas prosperaron y contribuyeron a hacer de la antigua Persia una de las civilizaciones más atractivas de la historia mundial.

Desde la Alta Edad Media, con la conquista árabe y la posterior introducción del islam, nos topamos con una nueva era en la historia de Irán, dominada por una relativa inestabilidad y caos. El pueblo iraní tuvo que adaptar su estilo de vida, en gran medida tribal, ritualista y muy basado en la tradición, a una nueva forma de vida islámica, que se introdujo para siempre en su psique. Aun así, a pesar de la dominación extranjera y la relativa debilidad de los estados locales, Irán consiguió mantener sus raíces culturales y sociales, incluso después de que los mongoles y los timúridas tomaran el poder. Este periodo produjo uno de los desarrollos más asombrosos del patrimonio iraní, ya que dio origen a los primeros ejemplos de una mezcla única de arquitectura, literatura, tradiciones, arte y muchos otros aspectos de la vida islámicos y preislámicos.

Podría decirse que el lento proceso de globalización y mayor implicación de Irán en los asuntos exteriores comenzó con la aparición de la dinastía safávida y el restablecimiento de una monarquía iraní tras siglos de soportar el yugo mongol. Durante la época safávida, Irán abrazó el islam chií, algo que se convertiría en parte fundamental de la identidad del país con el colapso de la Persia safávida en el siglo XVIII. Esta dinastía, influyente, pero en última instancia inestable, gobernó tierras mucho más allá de las modernas fronteras iraníes, pero acabó desmoronándose. Los safávidas fueron sustituidos por los qajares, que se enfrentaron a la época más difícil para las monarquías de principios de la Edad Moderna: el siglo XIX. Europa experimentó un cambio gradual hacia el liberalismo y el nacionalismo, y Persia intentó sin éxito seguir el ritmo. Plagada de problemas, la mayoría de los gobernantes qajar apenas tuvieron tiempo de dedicarse a actividades que condujeran a la modernización, al menos según los estándares europeos, especialmente con la creciente influencia de los ulemas chiíes, que se convirtieron en una de las fuerzas más poderosas del país durante este periodo.

A medida que las naciones europeas ampliaban su poder mundial, explotando su superioridad, los monarcas Qajar se vieron cada vez más sometidos al escrutinio de los persas, que se dieron cuenta de que el Estado podría haber hecho más para cambiar las cosas a mejor. La caída de los Qajar en el siglo XX inició el último periodo de la historia de Irán, un periodo de lucha constante por la modernización. A lo largo de los últimos 120 años, el pueblo iraní ha visto ir y venir a múltiples gobiernos, todos ellos prometiendo velar por sus intereses, pero al final fracasando de un modo u otro. De hecho, la Revolución Constitucional y la primera mitad de la monarquía Pahlaví vieron grandes mejoras en casi todos los aspectos de la vida. Era como si el país estuviera de nuevo en marcha y en vías de realizar su enorme potencial. Sin embargo, los años más prósperos se convirtieron poco a poco en regímenes cada vez más autocráticos, lo que provocó la pérdida de confianza de la población. A finales de la década de 1970, Irán experimentó su último gran cambio y se reorganizó como república islámica. La República Islámica de Irán sigue existiendo hoy en día, y será muy interesante ver qué ocurrirá en el futuro, especialmente con las protestas que se están produciendo actualmente. Solo el tiempo dirá si el país puede funcionar adecuadamente en la era de la modernidad y la tecnología.

La historia de Irán no trata solo de sus muchas guerras o gobernantes. Más bien, lo que ha llamado la atención de muchos historiadores es la transformación de su pueblo a lo largo de las distintas épocas. Se adaptaron a los cambios y establecieron una de las culturas más prósperas y diversas del mundo.

Vea más libros escritos por Enthralling History

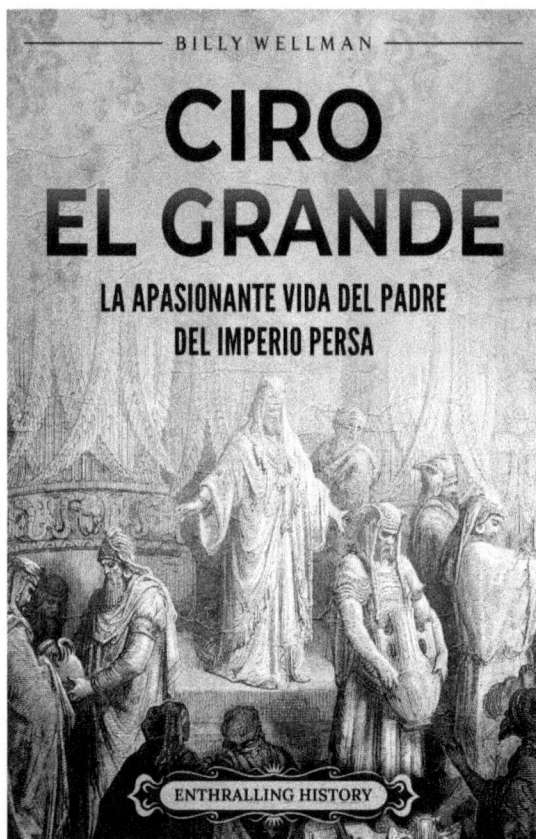

Fuentes

1. Abrahamian, E. (1974). "Despotismo oriental: El caso del Irán de Qaja". Revista Internacional de Estudios sobre Oriente Medio, 5(1), 3-31. http://www.jstor.org/stable/162341.

2. Abrahamian, E. (1979). "Las causas de la revolución constitucional en Irán". Revista Internacional de Estudios sobre Oriente Medio, 10(3), 381-414. http://www.jstor.org/stable/162146.

3. Arjomand, S. A. (1985). "Causas y significado de la revolución iraní". Estado, Cultura y Sociedad, 1(3), 41-66. http://www.jstor.org/stable/20006816.

4. Arjomand, S. A. (1986). "La revolución islámica iraní en perspectiva comparada". Política Mundial, 38(3), 383-414. https://doi.org/10.2307/2010199.

5. Babayan, K. (1994). "La síntesis safávida: Del islam qizilbash al chiísmo imamita" Shi'ism. Estudios iraníes, 27(1/4), 135-161. http://www.jstor.org/stable/4310890.

6. Bhagat, G. BHAGAT, G. (1987). "Jomeini: Líder de la Revolución Islámica en Irán". Revista India de Ciencias Políticas, 48(1), 31-41. http://www.jstor.org/stable/41855864.

7. Britannica, T. Editores de la Enciclopedia (2021, 29 de abril). "Resumen de Irán". Enciclopedia Británica. https://www.britannica.com/summary/Iran.

8. Brosius, M. (2013). *Fuentes griegas sobre el Irán aqueménida.*

9. Daniel, E. L. (2012). La historia de Irán (Segunda, Serie Las historias de Greenwood de las naciones modernas). Greenwood. Recuperado el 1 de noviembre de 2022.

10. Faghfoory, M. H. (1987). "Las relaciones ulama-Estado en Irán: 1921-1941". Revista Internacional de Estudios sobre Oriente Medio, 19(4), 413–432. http://www.jstor.org/stable/163209

11. Ghods, M. R. (1991). "El nacionalismo iraní y Reza Shah". Estudios sobre Oriente Medio, 27(1), 35–45. http://www.jstor.org/stable/4283413.

12. Hunt, C. (2005). *La Historia de Irak (Serie Las Historias de Greenwood de las Naciones Modernas)*. Editorial Greenwood. Recuperado el 5 de noviembre de 2022.

13. Keddie, N. R. (1983). "Revoluciones iraníes en perspectiva comparada". Revista Histórica American, 88(3), 579–598. https://doi.org/10.2307/1864588.

14. KEDDIE, N. R. (2000). "*Las mujeres en Irán desde 1979*". Investigación Social, 67(2), 405–438. http://www.jstor.org/stable/40971478.

15. Morony, M. G. (1976). "Los efectos de la conquista musulmana en la población persa de Irak". Irán, 14, 41–59. https://doi.org/10.2307/4300543.

16. Paul, J. (1998). "La historia islámica temprana de Irán: De la conquista árabe a la invasión mongola". Estudios Iraníes, 31(3/4), 463–471. http://www.jstor.org/stable/4311181.

17. Perry, J. R. (1971). "Los últimos safávidas, 1722-1773". Irán, 9, 59–69. https://doi.org/10.2307/4300438.

18. Rabi, U., & Ter-Oganov, N. (2012). "Los militares del Irán de Qajar: Las características de un ejército irregular desde el siglo XVIII hasta principios del XX". Estudios iraníes, 45(3), 333–354. http://www.jstor.org/stable/41445213.

19. Sykes, P. (2022). *Historia de Persia*. Routledge.

www.ingramcontent.com/pod-product-compliance
Lightning Source LLC
LaVergne TN
LVHW051739080426
835511LV00018B/3140